# Redéfinir l'hygiène

# Redéfinir l'hygiène

Par Gaétan Lanthier

Dépôt légal - Bibliothèque et Archives nationales du Québec, 2014.
Dépôt légal - Bibliothèque et Archives Canada, 2014.
Legal Deposit - Library of Congress, 2014.

ISBN 978-2-9814674-0-9

# Table des matières

# Hygiène et salubrité et désinfection dans les hôpitaux

# Essais, Prospective et Futurologie .............................84

# Témoignages, réalisations, causes et distinctions ....133

---

# Remerciements

En préambule à ce livre, je souhaitais adresser mes remerciements les plus sincères aux personnes qui m'ont apporté leur aide et qui ont contribué à l'élaboration de ce livre.

Je tiens à remercier sincèrement Monsieur Stéphane Lafond, qui, en tant que président de Lalema, s'est toujours montré à l'écoute et très disponible. Grâce à sa vision qu'il a bien su transmettre depuis la création du blogue en 2010 et à son support, ce livre a pu voir le jour.

Mes remerciements s'adressent également à Monsieur Louis-Gilles Lafond qui depuis mes tout débuts chez Lalema en 1995 a toujours cru en moi.

J'exprime ma gratitude à tous les consultants, partenaires et clients rencontrés lors de la rédaction. Plus spécialement Julien Smith pour sa pensée créative et Joanne Beauvais pour sa vision stratégique.

Je n'oublie pas mes parents Simon et Yvette, mon épouse Josée et mes deux filles Marie-Ève et Amélie.

Enfin, j'adresse mes plus sincères remerciements vous mes lecteurs.

Merci à tous et à toutes.

# 14 000 raisons de dire merci à mon équipe

Depuis 2010, je suis le rédacteur du blogue de Lalema. Ce livre est composé d'une sélection des meilleurs billets. Le travail accompli pour le transformer en livre est colossal. J'espère que vous prendrez plaisir à découvrir ou redécouvrir les dernières tendances en matière d'hygiène et salubrité, notre passion!

Mon premier chapitre est consacré à dire merci à toute l'équipe de Lalema grâce à qui ce projet s'est matérialisé. Je vous expliquerai donc ce que vous trouverez sur notre site.

Avec la création d'un site web présentant plus de 14 000 produits qui servent à l'entretien sanitaire pour le nettoyage et la désinfection des surfaces, une équipe a de quoi être fière du travail accompli!

Le site web www.lalema.com compte en effet plus de 14 000 produits. C'est le résultat d'un travail assidu et constant de mon équipe de production.

## Chercher et trouver

Sur notre site, pour trouver un produit, utilisez l'outil de recherche intuitif avec saisie semi-automatique ou le menu du catalogue de produit. Dans une famille de produits, vous trouverez des filtres vous permettant de sélection les formats ou les caractéristiques que vous voulez.

# Plus de 14 000 produits aux propriétés épatantes

Chaque produit créé inclut les éléments suivants :
- Un titre clair<
- Une image représentative
- Une description la plus complète possible
- Lorsqu'offert :
  - Une vidéo
  - Un bulletin technique
  - Une fiche signalétique
- Un tableau de spécifications techniques
- Des liens vers des produits complémentaires utiles
- Une liste de tous les codes et formats disponibles

## Clavarder en direct ou appeler

Besoin d'aide? Clavardez avec nos spécialistes en direct ou appelez au 514.645. PRIX pour poser les questions qui pourraient surgir. En dehors des heures ouvrables? Laissez un message! On vous rappelle, c'est garanti!

## Demander un prix

En envoyant une « demande de prix », notre équipe vous retournera une soumission dans les plus brefs délais (généralement dans les 4 heures ouvrables, mais souvent plus rapidement!) qui saura répondre à vos besoins. Il ne vous restera qu'à prendre la décision d'acheter!

Nos solutions en ligne sont accompagnées d'un service humain

# Un peu d'histoire

## L'origine du savon

Durant la préhistoire, on utilisait l'eau pour se laver. Au moins, cela devait être efficace pour enlever la boue sur les mains.

En -2800, les Babyloniens mélangeaient déjà des cendres avec du gras animal (une façon de faire du savon) sans toutefois que l'on retrouve une référence sur l'utilisation qu'ils en faisaient.

En -1500, les Égyptiens mélangeaient du gras animal et végétal avec des sels alcalins pour soigner des plaies ou nettoyer la peau.

Les mots « savon » et « saponification » (ou « soap » en anglais) auraient comme origine une ancienne légende romaine (c'est probablement une invention, car il n'existe pas de référence d'un mont Sapo en Italie!) :

Au mont Sapo, pour faire suite aux sacrifices d'animaux, la pluie lavait un mélange de graisse animale fondue, ou suif, et de cendres de bois, qui se retrouvait dans le sol argileux des rives du Tibre. Les femmes s'aperçurent que, grâce à ce mélange argileux, leur linge était plus propre bien plus facilement.

Cette technique (mélange de gras + alcalis) pour fabriquer du savon sera utilisée pendant plusieurs siècles.

# L'évolution du savon

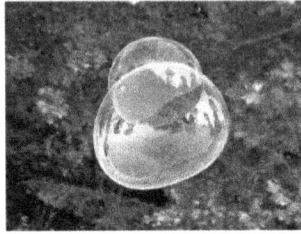

Nous avons abordé précédemment les origines du savon, de la préhistoire à l'Empire romain en passant par Babylone et Cléopâtre. On enchaîne avec l'évolution du savon.

Au Moyen-âge, il existait même des Guildes de savonniers qui protégeaient jalousement leur formule (souvent à base d'huile d'olive, de suif et de cendres et de parfums).

On rapporte aussi qu'en 1622, sous le règne du roi James 1er en Angleterre, un monopole dans la vente de savon exigeait près de 20,000 £ en taxes annuellement!

La fabrication commerciale débuta vraiment en 1791 lorsque le français Nicolas Leblanc a breveté un procédé de fabrication du savon lui permettant de produire de grandes quantités de savon à faible coût. Les procédés ont évolué avec les années avec d'autres scientifiques tels Michel Eugène Chevreul et Ernest Solvay, mais aussi par l'arrivée des grandes usines et l'invention de l'électricité.

Au début du siècle dernier, l'utilisation du savon est très répandue dans le monde entier que ce soit pour l'hygiène personnelle, le lavage de la lessive, de la vaisselle ou des planchers!

Tout cela aurait pu en rester là. Sauf qu'en 1916, une découverte révolutionnaire changea à jamais le monde du nettoyage.

# La révolution du savon

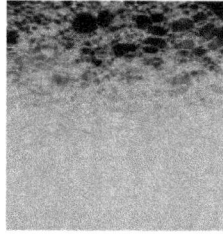

Dans la première partie de ce chapitre, nous avons abordé les origines du savon, de la préhistoire à l'Empire romain en passant par Babylone et Cléopâtre. Ensuite, nous avons discuté de l'évolution du savon du Moyen-âge au début du XXe siècle. On termine avec la révolution du savon.

Tout cela aurait pu en rester là. Sauf qu'en 1916, une découverte révolutionnaire changea à jamais le monde du nettoyage : la découverte des détergents synthétiques en Allemagne. C'est pour fabriquer du savon sans gras animal à cause du manque de matière première durant la Première Guerre mondiale.

Mais ce n'est pas avant les années 40 que les détergents synthétiques deviendront populaires en Amérique. Dès les années 50, la production de surfactants dépasse celle du savon traditionnel.

Avec les années, au gré des innovations, les surfactants ont rempli plusieurs fonctions :

- Détergents à vaisselle
- Détergents à lessive
- Produits pour les mains, le corps, les cheveux
- ...

Ces produits sont maintenant à la fois efficaces et sécuritaires pour les consommateurs, les travailleurs et l'environnement.

# La petite histoire de l'eau de Javel

L'eau de Javel a été étudiée pour la première fois par un chimiste français du nom de Claude Louis Berthollet en 1775. Son usine était située à Paris dans le quartier de... JAVEL!

Au début, on l'utilise pour la lessive et comme décolorant. Dès 1820, un pharmacien du nom d'Antoine Germain Labarraque approfondit l'étude de ses propriétés désinfectantes. Au XIXe siècle, on l'utilise couramment comme désinfectant et pour le traitement de l'eau potable.

La NASA utilisa de l'Eau de Javel durant le programme Apollo pour désinfecter la fusée Apollo XI à son retour pour éviter de contaminer la Terre avec de potentiels dangereux virus!

L'eau de Javel est faite d'HYPOCHLORITE de SODIUM ($NaClO$). Pour les admirateurs de chimie, on fabrique l'eau de Javel ainsi :

$$Cl_2 + 2\,NaOH \rightarrow NaCl + NaClO + H_2O$$

Pour les autres, c'est la même formule!

De nos jours, on l'utilise encore comme désinfectant. Des formules stabilisées permettent de combiner l'action des surfactants à celle du chlore.

# Poly Action : Pionnier des nettoyants-dégraissants sur le web!

Alors qu'Internet n'était qu'à ses débuts, le nettoyant dégraissant POLY ACTION faisait son apparition sur la toile il y a de cela 17 ans soit en 1995!

Vous en conviendrez, les animations de l'époque n'étaient pas ce qu'elles sont aujourd'hui.

Le nettoyant dégraissant tout usage POLY ACTION possède plusieurs caractéristiques telles :

- Spécialement conçu pour les gros travaux de nettoyage dans l'industrie, les usines, les garages
- Action instantanée;
- Sûr et efficace;
- S'attaque à la graisse, l'huile, la saleté;
- Peut être utilisé tel quel;
- Frais parfum de citron;
- Peut être utilisé comme décapant;
- Idéal pour le lavage des murs;
- S'emploie aisément.

Aujourd'hui en 2014, les nettoyants-dégraissants de Lalema sont toujours aussi efficaces et économiques.

# Le 11 du 11 du 11...

11-11-11-11-11-11·
11-11-11-11-11-11·
11-11-11-11-11-11·
11-11-11-11-11-11·
11-11-11-11-11-11·
11-11-11-11-11-11·

Durant ce début de millénaire, nous avons connu 12 dates particulières. Voici ce qui s'est passé ces jours-là!

Le 12 décembre 2012, « The Concert for Sandy Relief » qui eut lieu au Madison Square Garden à New York.

Le concert fut organisé pour récolter des fonds pour les victimes de l'ouragan Sandy, qui dévasta le nord-est des États-Unis et les Caraïbe à la fin du mois d'octobre 2012 et causa des dommages estimés à 63 milliards de dollars aux États-Unis.

Le 11 novembre 2011, c'est le jour du Souvenir. En mémoire des Canadiens qui ont combattu et qui sont morts pendant ou après les guerres.

Le 10 octobre 2010, Hanoi, la capitale, du Viêt Nam célébrait ses 1000 ans!

Le 9 septembre 2009, on parle beaucoup de la grippe A (H1N1). Apple présente le nouveau iPod Touch!

Le 8 août 2008 ont lieu les cérémonies d'ouverture des Jeux olympiques à Beijing en Chine.

Le 7 juillet 2007, un samedi, beaucoup de gens se sont mariés (pas moins de 30 000 couples seulement aux États-Unis). Félicitations!

Le 6 juin 2006, il ne se passe pas grand-chose d'extraordinaire...

Le 5 mai 2005, Tony Blair est réélu pour la troisième fois en Angleterre. J'ai cherché et cherché.

Le 4 avril 2004, c'est le 36e anniversaire de l'assassinat de Martin Luther King.

Le 3 mars 2003, svp aidez-moi! Il ne s'est pas rien passé d'extraordinaire non plus, mais peut-être avez-vous un fait à partager?

Le 2 février 2002, le site web de Lalema a déjà 7 ans.

Le 1er janvier 2001, on ne parlait plus du bogue de l'an 2000, c'était terminé! Et techniquement, c'était le vrai début du XXIe siècle!

# 7 milliards d'humains

C'est à l'Halloween 2011 que l'humanité a franchi le cap des 7 milliards d'êtres humains!

Rappelez-vous qu'en 1999, on était 6 milliards, en 1975, 4 milliards, en 1930, 2 milliards!

Cela va sans doute relancer le débat sur le papier de toilette! Recyclé ou fait de matières vierges gérées de façon responsable et durable? Et pourquoi pas les deux?

En Europe, un individu consomme en moyenne treize kilogrammes de papier de toilette par an. En Amérique du Nord, c'est 23 kg alors qu'en Afrique, c'est 0,4 kg. La moyenne est de 3,8 kg/individu/an.

« Sept milliards de personnes ont besoin de nourriture. D'énergie. D'offres intéressantes en matière d'emplois et d'éducation. De droits et de liberté. La liberté d'expression. La liberté de pouvoir élever ses enfants en paix et dans la sécurité. » — Ban Ki-Moon, secrétaire général de l'ONU

Je crois qu'on ne s'en sort pas, le papier de toilette est là pour rester. Parmi les facteurs qui auront un impact sur l'optimisation des ressources, je pense entre autres à :

- la gestion responsable des ressources;
- la maximisation du % de matières recyclées dans les produits;
- la réduction de l'utilisation de l'eau (dans les procédés de fabrication et de recyclage);
- La consommation raisonnable du papier (par les utilisateurs).

Alors, que pensez-vous de cela?

Ceci termine le chapitre sur l'histoire! Nous espérons que cela vous a informé et diverti.

# Développement durable

Pour ce chapitre, nous y allons de quelques réflexions et conseils.

## Le développement durable : un équilibre fragile.

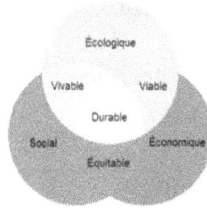

Quel critère a le plus d'importance lorsque vous achetez vos produits, accessoires ou équipements? Notez bien, toutes les réponses sont bonnes!

Pourquoi me direz-vous? Et bien parce que ces 3 réponses sont les 3 piliers du développement durable. Nos produits certifiés Ecologo en sont un exemple. Notre programme de récupération en est un autre.

Mais vous, vous pouvez aussi collaborer en optimisant vos processus afin de réduire les impacts sur l'environnement tout en maintenant l'efficacité à un coût acceptable!

## Comment s'y retrouver avec les certifications sur les produits sanitaires

On débute avec les certifications en hygiène et salubrité. Je remercie Marie-Hélène pour son aide dans la rédaction de ce chapitre même si elle ne voulait pas que je la nomme. Elle me pardonnera bien un jour!

Dans le milieu de l'hygiène, il n'est pas rare d'entendre les expressions suivantes pour les différents produits sanitaires : acceptation, approbation, attribution, certification, etc. Autant de mots qui se ressemblent, mais qui pourtant ont leur sens spécifiquement à eux.

Faisons le tour des différentes certifications possibles des produits de nettoyage afin de s'y démêler un peu!

## UL Environnement — Ecologo

Notre gamme de produits écologiques est certifiée Ecologo. Cela permet un gain de crédibilité et de différenciation par rapport à la concurrence, car plusieurs codes, standards et politiques écologiques, dont entre autres le programme LEED, sont inclus dans les critères de satisfaction de l'ULE.

## Green Seal

Green Seal est l'équivalent de l'Ecologo, mais pour le marché américain. C'est un programme de certification environnemental qui permet aux consommateurs de s'assurer d'avoir un produit écologique entre les mains. Compagnie originaire des États-Unis, 3M fabrique plusieurs produits qui sont certifiés Green Seal dont le nettoyant tout usage 8L et le nettoyant pour verre et miroir 1L.

## ACIA

L'ACIA réfère à l'Agence canadienne d'inspection des aliments. Une lettre de non-objection est octroyée aux produits chimiques non alimentaires qui satisfont aux critères d'utilisation dans les établissements de transformation d'aliments agréés au fédéral. Plusieurs de nos produits ont reçu cette acceptation dont l'Oranet et l'Adroit. L'ACIA fait en ce moment l'objet de changements majeurs. À suivre...

## DIN

Signifiant Numéro d'identification d'un médicament (ou en anglais Drug Identification Number), celui-ci est attribué par Santé Canada pour tout médicament avant sa mise en marché. Il est remis suite à une évaluation et approbation de la vente du médicament au Canada. Nos désinfectants possèdent tous un DIN, dont l'Ali-Flex prêt à utiliser et le Polyquat 5.

## LEED

Créé par l'US Green Building Council et adapté pour le Canada par le Conseil du bâtiment durable du Canada, LEED est LE programme de certification pour la conception, la construction et l'exploitation de bâtiments écologiques. Ce système de classification, reconnu dans plus de 132 pays, est une marque d'excellence internationale. Le seau pour tampons microfibre de Rubbermaid fait partie du programme LEED.

# La solution boréale

La plupart d'entre nous utilisent du papier de toilette, du papier essuie-mains ou des papiers-mouchoirs. Avec raison!

Maintenant, il existe plusieurs façons de réduire notre impact sur l'environnement.

## Papier recyclé

L'utilisation de papier fabriqué à partir de matière recyclée prolonge le cycle de vie de la matière première. Toutefois, toute bonne chose ayant une fin, il vient un temps où il faut remettre du papier neuf.

## Papier certifié FSC

Faisant référence à Forest Stewardship Council, FSC nous assure que les produits forestiers que nous utilisons proviennent d'une forêt faisant l'objet d'un aménagement responsable. Ce système de certification international possède des normes rigoureuses sur les plans environnementaux et sociaux. Certains de nos papiers hygiéniques et papiers essuie-mains sont certifiés FSC.

La certification FSC indique que le papier provient d'une forêt gérée de manière responsable et durable. Ce logo certifie l'origine des matières premières. Le *Forest Stewardship Council* est une organisation non gouvernementale d'envergure internationale. Près de 150 000 000 d'hectares de forêt ont déjà obtenu cette certification.

Avez-vous déjà vu ces logos sur le papier que vous achetez?

# Le recyclage au Festival de jazz de Montréal

La 34e édition du Festival international de jazz de Montréal s'est terminée le 7 juillet 2013. En 1989, de concert avec Recyc-Québec et Alcan (devenu Rio Tinto Alcan depuis), le Festival posait les premières actions environnementales, dont le recyclage dans le secteur événementiel, à Montréal.

**Des chiffres sur le recyclage**

- En 2010, les 19 tonnes de carton récupéré ont permis d'épargner la coupe de 458 arbres.

- Avec l'installation de stations de remplissage pour les bouteilles d'eau, les 30 734 bouteilles de 500 ml ont été économisées au Festival en 2011. Mis bout à bout, elles attendraient la même hauteur que 22 tours Eiffel.

- L'eau de pluie pour arroser un certain nombre de bacs à fleurs situés sur le site.

- Depuis les tout débuts, la participation des festivaliers et des commerçants aux initiatives proposées par le Festival a permis de détourner plus de 200 tonnes de matières résiduelles récupérables et compostables des sites d'enfouissement.
- Et j'en passe!

**Développez votre programme de recyclage vous aussi!**
Vous désirez implanter un programme de recyclage, vous désirez choisir des produits écologiques, continuez la lecture de ce chapitre!

# Pour économiser du temps et être écoresponsable

Vous est-il déjà arrivé de manquer de temps? Oui? Les causes du manque de temps peuvent être multiples. Dans cet article, nous allons vous présenter des solutions au manque de temps. En même temps (sans jeu de mots), ces solutions sont également écoresponsables.

**Un plancher mouillé représente un risque de chute**
Assécher un plancher mouillé après un lavage peut représenter un défi de taille surtout dans une zone d'achalandage élevé comme les urgences des hôpitaux ou les agoras des grandes écoles secondaires, des cégeps ou des universités.

D'autant plus que le risque de chutes doit être réduit au maximum. L'utilisation d'écriteaux « plancher mouillé » s'avère alors une nécessité. Mais peut-on faire plus?

**Réduire le temps de séchage avec un séchoir à plancher**

Le temps de séchage peut être réduit en utilisant un séchoir à plancher. Ainsi, le risque de chute est réduit et vos planchers resteront propres plus longtemps. C'est assurément une solution gagnante dans bien des situations.

Qui plus est, le séchoir à plancher sera utilisé lors des travaux de grands ménages pour accélérer le séchage des planchers après un décapage.

**Favoriser l'utilisation d'une autolaveuse**

Les autorécureuses ou autolaveuses possèdent souvent un système d'aspiration de l'eau et d'un racloir arrière qui laissent les planchers pratiquement secs après un seul passage. Là où la circulation et la superficie le justifient, c'est également une solution gagnante.

**Le lavage des mains est important, mais le séchage l'est tout autant**

Pour faire une transition entre nos thèmes, nous allons continuer de parler de séchoirs, mais nous allons plutôt nous intéresser aux séchoirs à mains. Nous n'insisterons jamais assez comme quoi le lavage des mains réduit considérablement le risque de transmission des maladies infectieuses.

Toutefois, après un bon lavage de mains, l'étape du séchage revêt également une importance cruciale. Le débat entre le papier à mains et les sèche-mains pourrait faire l'objet d'un autre billet, mais disons que chaque méthode a ses qualités et ses défauts. Chaque environnement étant unique, il faut choisir la bonne solution qui convient à vos besoins.

**Le volet écoresponsable maintenant**

Pourquoi est-ce que de tels équipements sont à la fois écologiques et responsables? Être vert ne signifie plus seulement d'acheter des produits nettoyants écologiques. Il y en a des très performants, c'est vrai. Mais la réponse est encore plus simple que cela :

- En réduisant le temps de séchage des planchers, vous réduisez le risque de chute. Par conséquent, il y a moins d'absentéisme et de coûts en soins de santé.

- En utilisant une autolaveuse, la quantité de produits nettoyants requise est moins grande qu'avec un système traditionnel. Par conséquent, vous réduisez à la source l'utilisation de produits nettoyants tout en maintenant un niveau de propreté encore plus élevé.
- En séchant les mains avec un sèche-mains, vous réduisez les besoins en papier. Bien qu'ils puissent être recyclés, c'est encore une fois une réduction à la source.

# Pourquoi opter pour des produits écologiques?

**Que veut-on dire avec produit écologique ou produit vert?**
D'habitude, quand on parle de produits écologiques ou « verts », on parle de produits qui ont un impact moins nocif pour l'environnement. Cet impact peut être mesuré par rapport aux résidus laissés par un produit pendant et après son utilisation (vapeurs, résidus solides, substances libérées dans les drains ou égouts, etc.), mais aussi par rapport à son processus de préparation, transport (fréquences, emballages, etc.) et élimination.

**Écologique ≠ plus cher!**
Contrairement à ce que beaucoup de gens croient, les produits écologiques peuvent aussi offrir des solutions plus économiques. Par exemple, le produit Bio-Ranet, c'est un produit écologique polyvalent qui peut être utilisé sur la plupart des surfaces et qui couvre le 80 % des besoins de nettoyage. Non seulement ce produit permet d'économiser du côté de l'utilisation, mais aussi de ceux de transport

et d'élimination : son contenant, appelé Envirovrak, est réutilisable, ce qui permet de réduire presque complètement la quantité de contenants jetés, ainsi que de diminuer le nombre de livraisons effectuées.

## Ce que beaucoup de gens oublient

On dirait que le vert a été si fréquemment utilisé pour symboliser des initiatives, actions ou organismes liés à l'environnement, que quand on parle d'environnement on fait presque toujours référence à la faune ou la flore. Nous oublions souvent un autre acteur très important qu'y en fait partie : l'homme! Beaucoup de produits chimiques sont dangereux pour les utilisateurs à cause des vapeurs qu'ils dégagent ou pour les effets causés quand ils entrent en contact avec la peau ou les yeux. Ils peuvent donc représenter un facteur important quand on parle d'accidents au travail et de taux d'absentéisme.

## Moins de risques

Bien qu'on recommande toujours d'effectuer toute tâche d'entretien en utilisant des gants de protection, les produits écologiques ne dégagent aucune vapeur toxique et sont beaucoup moins dangereux quand ils entrent en contact avec la peau ou les yeux. Cela garantit une diminution importante du nombre d'accidents au travail ainsi que de cas d'absentéisme, et permet donc aux employeurs d'offrir un milieu de travail plus sain tout en diminuant les coûts causés par les absences.

## Donc, pourquoi opter pour les produits écologiques?
- Mieux pour l'environnement
- Mieux pour les employés
- Moins d'absentéisme
- Moins d'accidents

# Le recyclage et l'approvisionnement écoresponsable, c'est l'affaire de tous

Vous faites partie d'un comité « vert »? Votre mandat est de changer vos produits traditionnels pour des produits de nettoyage environnementaux? Vous voulez réduire votre empreinte de carbone?

**C'est possible pour toutes les entreprises aussi**
La bonne nouvelle, c'est que tout ça est désormais possible.

Que ce soit pour une petite, une moyenne ou une grande entreprise, un établissement public ou un OSBL, l'approvisionnement écoresponsable n'est plus un mythe, mais une réalité.

**Solutions de recyclage et d'approvisionnement vert**
Une solution d'approvisionnement écoresponsable en produits sanitaires inclut plusieurs volets. Pour être certain de ne rien oublier, voici quelques exemples de produits écologiques auxquels vous n'auriez peut-être pas pensé :

- Produits de nettoyage écologiques et biologiques
- Solution innovatrice de réutilisation des contenants Envirovrak
- Services écoresponsables
- Urinoirs sans eau Rubbermaid
- Système de robinet automatique à faible consommation d'eau et d'énergie

- Sac à rebuts oxobiodégradables
- Tapis d'entrée fait de matière recyclée
- Équipement à faible consommation d'énergie (aspirateur)
- Équipements pour la collecte multimatière
- Vadrouilles en fibre recyclée
- ...

# Pourquoi le recyclage est-il important?

Les déchets sont un véritable problème, le recyclage est une partie de la solution

Un grand nombre de déchets est simplement envoyé à la décharge ou incinéré alors que la meilleure solution pour limiter notre empreinte sur l'environnement consiste à recycler et à composter le maximum de déchets. Pour mettre en place un programme de recyclage, vous devez avoir la meilleure solution possible.

### Le recyclage intelligent
Une large gamme de produits favorisant la gestion de vos déchets et leur recyclage. Cela va des simples corbeilles de bureaux pour le recyclage du papier aux stations centrales de recyclage à l'intérieur et à l'extérieur.

### Des produits durables pour le recyclage
Non seulement une solution intégrée de recyclage contribue à augmenter le taux de recyclage et à réduire les

déchets allant à la décharge, mais le concept de développement durable est intégré dès leur conception et leur fabrication, ce qui réduit d'autant l'impact sur l'environnement.

## Des produits pour le recyclage respectueux de l'environnement
En optant pour une gamme complète de produits en plastique pour le recyclage qui utilisent de la matière recyclée, vous marquez encore des points!

## Des collecteurs de déchets et de recyclage multiflux
Les stations de collecte des déchets et de recyclage 2 ou 4 flux permettent la collecte centralisée des déchets. Ce sont les solutions idéales pour tous les espaces ouverts tels que le hall ou la salle de photocopie.

Par exemple, la station de collecte de déchets et de recyclage Glutton comporte des collecteurs Slim Jim, un couvercle à charnière avec différentes ouvertures possibles et un lot d'étiquettes avec pictogrammes et d'étiquettes avec texte. Tous ces éléments sont fournis en un seul ensemble.

## Des corbeilles de tri sélectif
En plaçant une poubelle à chaque station de travail et en assurant leur collecte régulière, vous réaliserez que la quantité de déchets diminuera progressivement.

## Des collecteurs pour l'extérieur
Lorsque cela s'appliquera, choisissez des conteneurs de tri sélectif à grande capacité pour utilisation en extérieur. Cela vous offrira une plus grande capacité pour les zones à fort trafic et même des ouvertures spécialement conçues pour bouteilles et canettes.

Toutes ces solutions, vous pouvez les mettre en œuvre parce que tout comme vous, nous croyons et savons que le recyclage, c'est important!

# Ici on recycle

**ICI ON RECYCLE !**

ENGAGEMENT    MISE EN ŒUVRE    PERFORMANCE

Vous connaissez le programme ICI ON RECYCLE? Non?

RECYC-QUÉBEC fait la promotion d'une gestion responsable des matières résiduelles par l'entremise du Programme ICI ON RECYCLE! Ce programme vise à reconnaître les établissements ICI (Industries, Commerces, Institutions) qui atteignent les objectifs de mise en valeur spécifiés dans les critères d'évaluation du programme.

Il y a plein de façons de mieux consommer. Pour nous, cela passe par :

- Recyclage de 80 % des matières résiduelles générées au bureau et à l'usine,
- Participation au programme *Consignaction*,
- Utilisation accrue de promotions électroniques,
- Formations,
- Et j'en passe...

À l'approche du temps des Fêtes, profitez-en pour faire l'inventaire de vos objets, vêtements et jouets à donner aux différentes guignolées.

Vous déménagez l'été prochain ou avant? Ce sera le moment idéal pour recycler un tas de choses. Mais attention aux résidus domestiques dangereux et au matériel électronique! Ce ne sont pas des déchets domestiques; plusieurs entreprises spécialisées peuvent s'en charger, mais renseignez-vous d'abord auprès de votre municipalité, car plusieurs d'entre elles ont en effet des programmes de récupération pour ces matières.

Le développement durable est un équilibre fragile, votre participation à ces programmes de reconnaissance nous permet collectivement de mesurer nos résultats!

En plus de cela, nous pouvons vous aider avec des systèmes spécialement conçus pour la récupération par type de flux de déchets (papier, métal, verre, déchets, etc.). C'est aussi notre mission! Mais il y a plus, un système écoresponsable réduit votre empreinte écologique. Que vous soyez dans une démarche globale ou que vous cherchiez simplement des actions simples et concrètes, chaque petit geste compte.

## Réduire, réutiliser, recycler, valoriser

Dès mes débuts chez Lalema en 1995, la première chose m'a vraiment frappé : c'est le logo — le « bécher » comme tout le monde dit même si techniquement c'est un Erlen Meyer... La deuxième chose qui m'a étonné : voir comment les gens réutilisaient nos contenants de 20 L ou même 205 L pour toutes sortes de fonctions.

En voici quelques exemples :

- Poubelle pour déchet
- Kiosque pour exposition...

- Flotteur pour quai
- etc.

Et vous, avez-vous déjà vu notre logo quelque part?

# Économie = Écologie?

Début 2011 marquait, selon plusieurs économistes, la fin de la récession économique. La réalité se révéla beaucoup plus nuancée que cela!

### Qu'est-ce que l'économie?

Pour définir les cycles, ceux-ci divisent le cycle économique en quatre phases :

- Expansion (boom économique);
- Crise;
- Récession (ou dépression, selon l'ampleur);
- Reprise.

Dans bien des domaines, la récession a signifié une gestion plus serrée des dépenses et un suivi plus rigoureux des priorités des entreprises.

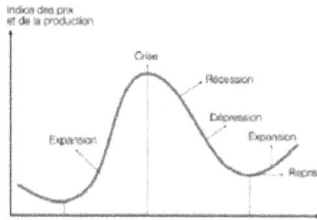

## Les mêmes règles?

On pourrait se demander si l'écologie est tenue aux mêmes règles. Une collègue questionnait, l'autre jour, « si l'écologie a amené les entreprises à faire des économies ou si le besoin d'économiser a mené les entreprises et les gens à trouver des solutions dans l'écologie. »

Dans ce sens, il est bon de constater que, contrairement aux prévisions logiques, les entreprises québécoises et canadiennes ne semblent pas avoir oublié leurs bonnes habitudes écologiques en période de crise économique et de récession.

Au contraire : je crois que l'écologie est devenue aujourd'hui un moteur de l'économie, un catalyseur. En période de récession économique, les entreprises ont dû trouver des solutions pour réduire leurs coûts. Les produits écologiques font partie de ces solutions.

Autrefois, il y a fort à parier que les pratiques écologiques auraient été ignorées pour un moment, étant perçues comme des dépenses tout simplement.

## Des exemples

Des produits plus concentrés signifient moins de transport, une économie. Des produits moins nocifs requièrent peu ou pas de traitement des eaux usées, une autre économie.

Ce ne sont là que quelques exemples de la nouvelle adéquation écologie = économie… heureusement pour la planète, les deux n'ont pas le même cycle!

P.-S. Cette discussion est maintenant ouverte sur Linkedin Québec : http://t.co/ghtxOO2

# 30 faits étonnants sur l'eau

Comme en témoigne la photo, l'été donne souvent lieu à des périodes orageuses. L'eau, on le sait, est une ressource importante autant pour la vie que pour l'industrie du nettoyage. En effet, la majorité des nettoyants sont à base d'eau et nécessitent de l'eau pour être dilués.

Voici, pour rafraîchir, 30 faits étonnants sur l'eau :

1. La tempête qui s'est abattue sur le bassin du Saguenay en 1996 et l'inondation qui a suivi ont fait 10 morts et plus de 1,500,000,000 $ de dommages.
2. Une fois évaporée, une molécule d'eau passe environ 10 jours dans l'atmosphère.
3. L'eau est la seule substance qu'on trouve sur la terre à l'état naturel, et ce, sous trois formes : solide, liquide et gazeuse.
4. L'eau couvre environ 70 % de la surface de la Terre.
5. Les inondations sont les catastrophes naturelles qui provoquent le plus de dégâts matériels au Canada.
6. Depuis 1900, 50 % des zones humides du monde ont disparu.

7. On recommande qu'une personne consomme de 2 à 3 litres (environ 8 verres) de liquide par jour.
8. La glace au pied de nombreuses calottes glaciaires de l'Arctique canadien a plus de 100 000 ans.
9. Henderson Lake en Colombie-Britannique reçoit en moyenne les plus abondantes précipitations annuelles au Canada, soit 6 655 millimètres.
10. Eureka au Nunavut, quant à elle, reçoit en moyenne les plus faibles précipitations annuelles, soit 64 millimètres.
11. Les plus hautes chutes du Canada : Della Falls, en C.-B. – 440 mètres.
12. Le plus long fleuve du Canada est le fleuve Mackenzie, dans les Territoires du Nord-Ouest, l'Alberta et la Colombie-Britannique – 4 241 kilomètres.
13. La plus grande inondation enregistrée au Canada s'est produite dans la région de Toronto après le passage de l'ouragan Hazel, les 14 et 15 octobre 1954, lorsque plus de 214 millimètres de pluie sont tombés en 72 heures.
14. Une des pires inondations de l'histoire du Canada est celle de la rivière Rouge au Manitoba, en mai 1997.
15. Une pluie intense qui traverse le lac Érié peut changer le niveau de l'eau à court terme d'une hauteur de quatre mètres.
16. Les lacs et les cours d'eau ne permettent de stocker que 0,3 % de toute l'eau douce du monde entier.
17. Les Grands Lacs constituent la plus vaste réserve au monde d'eaux douces de surface et contiennent approximativement 18 % des réserves mondiales d'eau douce de surface.
18. Un milliard de personnes n'ont pas accès à une eau potable et 2,4 milliards de personnes n'ont pas accès à des installations d'assainissement appropriées.
19. Avec l'adoption des objectifs du millénaire pour le développement de l'ONU, les États membres de l'Organisation se sont engagés à réduire de moitié, d'ici à

2015, le pourcentage de la population qui n'a pas accès de façon durable à un approvisionnement en eau potable.

20. Une goutte d'huile peut rendre impropres à la consommation jusqu'à 25 litres d'eau.

21. L'ajout de chlore à l'eau potable a permis de réduire sensiblement les risques de transmission de maladies par l'eau.

22. On estime que les problèmes de santé liés à la pollution de l'eau coûtent 300 millions de dollars par année au Canada.

23. Vous pouvez survivre environ un mois sans nourriture, mais seulement de cinq à sept jours sans eau.

24. La première station municipale de traitement d'eau a été ouverte à Paisley (Écosse), en 1932.

25. Il a été démontré que le comptage universel de l'eau peut réduire de 15 % à 30 % la consommation globale d'eau dans les secteurs résidentiel, industriel, commercial et institutionnel.

26. On estime que 26,5 millions de Canadiens bénéficiaient de services centraux d'approvisionnement en eau en 1999.

27. On perd en moyenne 13 % de l'eau qui coule dans les conduites municipales en raison de fuites et jusqu'à 30 % dans certaines collectivités.

28. Utilisation de l'eau à la maison au Canada : chasse d'eau – 30 %; bains et douches – 35 %; lessive – 20 %; boisson et cuisine – 10 %; nettoyage – 5 %;

29. Diverses utilisations de l'eau : chasse d'eau – 15-19 L; douche (5 min) – 100 L; bain – 60 L; lave-vaisselle – 40 L; lavage de la vaisselle à la main – 35 L; lavage des mains – 8 L (à robinet ouvert); brossage des dents –10 L (à robinet ouvert); arrosage à l'extérieur – 35 L/min.; machine à laver – 225 L

30. Un arroseur de pelouse qui vaporise 19 litres d'eau par minute consomme plus d'eau en une heure qu'il n'en faut en tout pour 10 chasses d'eau de la toilette, deux douches de cinq

minutes, deux cycles du lave-vaisselle et une grosse brassée de lavage.

## Le truc du jour de Rosa

Eh oui, votre bouteille d'eau que vous remplissez jour après jour doit elle aussi être lavée de temps à autre. Et si vous utilisez de l'eau en bouteilles, celles-ci n'ont pas été conçues pour une utilisation prolongée. Votre bouteille devra alors se diriger vers le recyclage. Idéalement, votre bouteille d'eau sera durable et sans BPA.

# Éléments de gestion en hygiène et salubrité

Dans ce chapitre, nous abordons diverses pratiques de gestion liées à l'hygiène et la salubrité. Toutefois, vous vous rendrez compte rapidement que cela s'applique à toutes les situations.

## Votre personnel est-il impliqué? Un truc en gestion du changement

Quand vient le temps de sélectionner un produit ou un équipement, l'implication du personnel est une étape essentielle de la gestion du changement si on veut éviter les surprises désagréables!

### La gestion du changement

L'implication et la participation du personnel lors de la sélection des différents produits sanitaires et de l'uniformisation de leur utilisation sont primordiales.

Il est essentiel de mettre en place une structure participative (comité d'utilisateur-mandataire) en matière d'acquisition de produits et d'équipements. Ceci entraînerait non seulement une plus grande responsabilisation des utilisateurs, mais aussi un plus haut degré de satisfaction.

### Avantages

- Cette structure permettrait aux gestionnaires :

- d'être à l'écoute des utilisateurs et de favoriser leur pleine autonomie;
- d'établir des standards internes pour tout produit non couvert de façon satisfaisante par une norme. Ce type de standards devrait réellement refléter les besoins des utilisateurs;
- de réviser les produits en stock afin de s'assurer qu'ils correspondent toujours aux besoins des requérants;
- de préciser, conjointement avec les utilisateurs, les devis techniques des produits aux fins d'achat selon les standards de l'établissement;
- de former les intervenants quant aux contenus des normes et à leur utilisation;
- de valoriser les ressources internes en matière de produits et d'équipements.
- Formation des gestionnaires et des employés

Les gestionnaires et les utilisateurs doivent être formés à sélectionner adéquatement les produits et à bien s'en servir afin d'éviter les erreurs de manipulation, de dilution et de posséder les notions sécuritaires.

Il s'agit là d'un préalable incontournable qui s'inscrit dans une démarche participative qui générera un consensus de la part des concierges quant aux choix des produits d'entretien et qui amorcera les actions et les formations des nouvelles pratiques.

### Contactez-nous

À ce stade-ci, vous brûlez tous d'envie de créer un comité, d'impliquer tout le monde et de choisir le meilleur équipement possible. Mais avant d'entreprendre cette démarche, contactez-nous! Nos spécialistes peuvent vous aider par le biais d'une formation en gestion du changement ou en vous suggérant des équipements et des produits.

# Partagez vos idées avec le mindmapping

Savez-vous ce qu'est une carte heuristique ou un « mindmap »? En somme, c'est un schéma, calqué sur le fonctionnement cérébral, qui permet de représenter visuellement et de suivre le cheminement associatif de la pensée.

Vous avez un projet en entretien sanitaire. Par exemple :

- Vous démarrez une entreprise en entretien ménager.
- Vous désirez planifier le grand ménage de votre école
- Vous devez planifier une formation sur la désinfection
- Vous développez un programme de contrôle de la qualité de la propreté des lieux
- Vous prévoyez lancer une soumission publique pour des produits d'entretien

Développer une carte mentale peut vous aider. Allez sur http://www.mindmup.com et commencez!

Voici une simple carte interactive. Cliquez pour l'ouvrir et découvrir son contenu. De plus, vous pouvez l'éditer en cliquant sur la petite araignée bleue!

Bon mindmapping!

# 10 éléments essentiels à la réalisation de l'activité d'entretien sanitaire

Dans toute entreprise, l'environnement du milieu conjugué à une bonne qualité d'entretien sanitaire, sont des éléments essentiels afin de maintenir constant le professionnalisme qui doit s'y dégager.

10 éléments essentiels à la réalisation de l'activité entretien sanitaire

1. Posséder une gamme de produits d'entretien de bonne qualité devant correspondre aux divers types de surfaces à entretenir, de même que pour les différentes tâches à exécuter.
2. Posséder une gamme d'équipements et d'accessoires de bonne qualité afin de bien exécuter les diverses activités de nettoyage et d'entretien.
3. Connaître divers éléments de base essentiels afin d'effectuer certains travaux tels que les types de revêtements et leurs particularités, les techniques de travail efficaces, etc.
4. Maîtriser et manipuler les produits et les équipements de façon logique et adéquate.
5. Connaître sa route de travail de même que sa zone de travail.
6. Définir les activités régulières et occasionnelles d'entretien et respecter les fréquences de celles-ci à partir d'un calendrier de production.
7. Orienter toute activité du métier dans un principe d'entretien préventif.

8. Maintenir une communication constante et collaborer en tout temps avec le supérieur immédiat.

9. S'intéresser aux développements technologiques, et ce, tant au niveau des équipements que des produits chimiques sans oublier les techniques et la méthodologie du travail.

10. Travailler dans un esprit de collaboration avec les gens composant l'équipe d'entretien de même qu'avec les individus composant l'environnement.

# 5 obstacles qui nuisent à l'entretien sanitaire

Nos rencontres, nos observations et nos discussions avec des travailleurs nous ont permis de constater certaines entraves à la performance. Voici en résumé ce qui en est ressorti. Vos commentaires sont les bienvenus pour argumenter ces obstacles :

### Des installations déficientes
- Les éviers des points d'eau sont trop élevés
- Peu d'espace de rangement pour les fournitures, les produits et les équipements
- Des revêtements de sol détériorés créant en plus un risque d'accident pour les usagers
- Encrassement ou endommagement marqué des plinthes
- Les espaces de rangement sont parfois trop restreints, encombrés
- L'alimentation et le renvoi d'eau mal adaptés

## Des horaires de travail inadéquats

L'efficience de ce travail est accentuée ou résorbée s'il est exécuté en l'absence ou en présence des occupants. Il faut donc dans un cadre de recherche d'efficacité au travail, répartir le plus possible l'exécution des tâches dans des plages horaires les plus favorables d'exécution.

## Une formation insuffisante

- Les connaissances techniques d'usage des produits et des équipements sont à des degrés divers
- Diverses lacunes en matière de techniques de l'entretien des diverses surfaces
- Mauvais usage des équipements de protection personnelle (gants, lunettes, etc.)

## Une organisation du travail désorganisée

L'absence d'un quelconque plan de travail pour assurer les travaux routiniers et périodiques constitue une lacune importante pour assurer la qualité de l'entretien et la productivité des travailleurs.

## Des produits et des équipements inadaptés

Les produits chimiques et le parc d'équipement constituent indéniablement des éléments importants pour assurer l'efficience lors du nettoyage et de l'asepsie de l'environnement de tout établissement. Il devient donc essentiel d'associer étroitement les actions quotidiennes de la main-d'œuvre, en matière d'hygiène, avec une gamme de produits et d'équipements qui favorisent la qualité de leur prestation.

Il est important de considérer qu'un bon entretien des appareils prolonge de façon significative leur durée et permet une rationalisation des coûts de remplacement.

Les systèmes de dilution automatique permettent d'uniformiser la concentration et surtout de respecter les dilutions recommandées par le manufacturier. Des pompes manuelles, si bien utilisées, sont une option intéressante.

**Il faut y mettre des efforts**
Il ne faut pas se le cacher, il y aura toujours d'importants efforts pour contrer les obstacles et pour assurer la satisfaction de la clientèle en matière d'hygiène et de salubrité.

# Développer vos routes de travail avec Sanitek de Lalema

J'aimerais vous parler d'une création de mon équipe : **Sanitek.**

Sanitek est un logiciel conçu pour aider les gestionnaires en **entretien sanitaire** à atteindre leurs objectifs de coûts, de propreté et de qualité dans les établissements dont ils ont la charge.

Sanitek permet aussi aux entrepreneurs à bâtir un devis technique rapidement et évaluer le coût des soumissions avec une grande précision. Augmentant ainsi les chances de décrocher le contrat tant désiré!

**Sanitek : Un logiciel pour la santé**
Les chefs de service en hygiène et salubrité sont toujours à la recherche d'un outil convivial avec lequel ils pourront répondre aux demandes de leur direction et des préposés en hygiène et salubrité :

- Présenter un devis technique précis des tâches à effectuer.

- Fournir des études sur l'évaluation des besoins de production en hygiène et salubrité.
- Faire une évaluation des temps requis pour les zones grises.
- Développer des circuits de travail équitables.

Sanitek a été conçu pour cela!

## Un logiciel pour l'éducation

Les contremaîtres aimeraient connaître les besoins en conciergerie dans chacune de leur école et la direction de la commission scolaire et les directions d'école et les concierges veulent connaître :

- Les tâches habituelles par espace et types d'espaces
- Le calendrier pour les grands ménages d'été
- Les travaux connexes et menus travaux

Sanitek a été conçu pour cela!

## Un logiciel pour les entrepreneurs

Répondre aux soumissions est souvent un casse-tête. Évaluer les coûts repose plus souvent sur l'expérience que sur une mesure précise par type de locaux en fonction des tâches à effectuer. Les entrepreneurs veulent générer rapidement les informations demandées par leur client :

Sanitek est aussi conçu pour cela!

## Sanitek est gratuit! (*)

Tout le monde a vu la petite étoile (*) n'est-ce pas? Oui, les licences d'utilisation sont gratuites, mais des frais raisonnables d'assistance d'installation s'appliquent.

De plus seront facturables les frais de transport et de subsistances si applicables ainsi que les honoraires professionnels pour la formation et la saisie de données selon vos demandes.

# Sanitek®

## Économisez du temps, soyez performant et impressionnez vos clients!

L'entretien sanitaire est et sera toujours un secteur d'activités primordiales dans le développement du bien-être et de la qualité de vie de l'ensemble de la population. Il représente donc pour nous tous une obligation à laquelle nous devons faire face et qui ne peut être évitée.

Le développement technologique des dernières années a permis un essor considérable dans l'exercice et l'exécution de ce métier. Il n'en demeure pas moins que l'industrie de l'entretien sanitaire est encore aujourd'hui en retard sur les niveaux de productivité qu'ont franchis d'autres industries de pointe de notre économie.

### Économisez du temps
Une cause importante de ce retard réside dans les nombreux déplacements qu'occasionne la nature des travaux.

On verra souvent le développement des circuits de travail basé sur — pour utiliser l'expression consacrée — des « runs de lait ». On fait une première passe pour les poubelles, une seconde passe pour le recyclage, une troisième passe pour l'aspirateur et une quatrième passe le dépoussiérage (quand il reste du temps...).

Toutes ces tournées requièrent des déplacements additionnels. En effet, une fois dans un local ou un cubicule, pourquoi ne pas faire toutes les tâches à ce moment-là? Un bon chariot de ménage peut faciliter le travail, mais est-ce toujours adéquat?

### Soyez performant

Depuis plusieurs années, les experts s'entendent sur le principe du « Travail à l'espace » dans l'organisation du travail.

Le travail à l'espace consiste à effectuer l'ensemble des tâches relatives à un local d'un secteur avant de passer à l'entretien d'un autre local. Le travail à l'espace doit être privilégié, car il permet de limiter le nombre d'interventions effectuées quotidiennement dans un même local. Il est aussi plus adapté au milieu de la santé, car il diminue le risque de transmission.

Mais cela s'applique également dans les écoles, les bureaux, etc. Il faut donc un outil de travail adapté et permettant la performance. Le système 3 en 1 DVAC combine un aspirateur sec vertical, un chariot de ménage et une poubelle pouvant servir à la fois aux déchets et matières recyclables.

**Impressionnez vos clients**

Avec ce système, il est possible d'épargner 66 % du temps requis en déplacement non productif. Ce qui laissera plus de temps pour effectuer des tâches souvent mises de côté comme le dépoussiérage en hauteur, l'enlèvement des taches sur le mur ou encore le nettoyage des pattes de chaises!

# À quoi ressemble votre chariot de concierge?

Avez-vous déjà réalisé que votre chariot d'entretien est le reflet de votre personnalité?

Comme concierge ou salubriste, vous vous déplacez avec votre bureau!

Ce que les gens y voient, c'est en quelque sorte l'opinion qu'ils se font de vous!

Alors quels moyens pouvez-vous prendre pour standardiser et organiser votre chariot?

- Établissez la liste des produits devant composer votre chariot;
- Assurez-vous que le type de chariot que vous utilisez correspond à vos besoins (désinfections, salle de classe, bureaux en tapis, recyclage, etc.);
- Assurez-vous de garder votre chariot propre et ordonné.

Y voyez-vous déjà d'autres avantages?

# Optimiser le contenu de votre remise d'entretien sanitaire

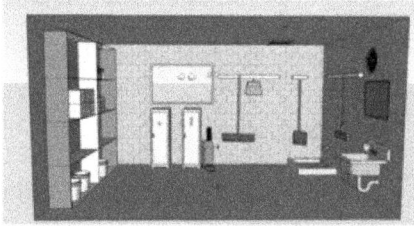

Voici quelques renseignements concernant la fonctionnalité d'une remise d'entretien sanitaire qui devraient être tenus en compte lors de rénovations, réaménagements ou autres.

**Particularités d'une remise d'entretien sanitaire fonctionnelle**
Un local fonctionnel doit avoir les composantes ou caractéristiques qui suivent :

- Bac d'entretien au sol;
- Robinetterie avec filetage facilement adaptable à un tuyau d'arrosage;
- Accès à l'eau froide et chaude;
- Support à vadrouille humide localisé au-dessus du bac d'entretien;
- Support à vadrouille sèche situé au mur près de la porte d'accès;
- Tableau en liège pour l'affichage des routes de travail, entre autres.

- Fenêtre (même si elle est optionnelle, elle peut néanmoins améliorer l'éclairage et la bonne humeur!)

**Accessoires pour bac d'entretien**

Afin de faciliter la manutention et le nettoyage des équipements et accessoires, le bac d'entretien doit être muni de plusieurs composantes :

- Robinetterie avec filetage et porte-seau;
- Boyau de 30 po. Facilement adaptable à la robinetterie et muni d'une poignée de style pistolet à débit contrôlable;
- Crochet pour fixer le tuyau;
- Support à vadrouille humide;
- Système de dilution automatique
- Pare-chocs en vinyle.

**Avantage d'un bac au sol par rapport à un évier profond**

Un bac au sol par rapport à un évier profond comporte plusieurs avantages :

- Facilite la vidange et le remplissage des seaux, aspirateurs et autolaveuses;
- Facilite le nettoyage des vadrouilles ainsi que des tampons de récurage et de polissage;
- Permets de suspendre l'outillage mouillé pour l'égouttement et le séchage.

Un évier profond est un facteur de risques de dorsalgie pour les préposés à l'entretien sanitaire. Le bac au sol constitue un aménagement plus sécuritaire.

### Autres caractéristiques d'une remise d'entretien sanitaire

- Système de ventilation adéquat afin d'éviter que la remise ne soit génératrice d'odeurs désagréables qui s'infiltreraient dans les espaces avoisinants;
- Présence d'étagères;
- Sortie électrique nécessaire à l'intérieur de certaines remises susceptibles d'abriter une autorécureuse afin d'alimenter le chargeur électrique des batteries, en tenant compte du code de l'électricité à cet effet;
- Système d'éclairage adéquat;
- Porte d'accès à la remise munie d'une serrure.

### Capacité de rangement de la remise d'entretien sanitaire

Une capacité de rangement suffisante et un accès facile aux étagères auraient une influence certaine sur l'efficacité et le niveau de rendement des préposés de l'entretien sanitaire. Des espaces restreints sont souvent à l'origine d'accidents.

Deux facteurs déterminent les dimensions requises à l'intérieur d'une remise d'entretien sanitaire fonctionnelle, à savoir :

- Le rayon (surface) à entretenir à partir de cette remise;
- La diversité des finis architecturaux dans les locaux compris dans le rayon (surface) à entretenir à partir de cette remise.

### Conclusion sur les remises d'entretien sanitaire

Avez-vous déjà fait face à une situation où votre remise d'entretien sanitaire ne satisfait pas vos attentes? N'hésitez pas à partager avec nous! Nous avons des solutions pour vous aider!

# Automatisez-vous qu'ils disaient!

Ce n'est pas tout à fait cela que les Romains se disaient après une rude bataille avec les Gaulois, mais de nos jours nous menons un combat sans merci aux irréductibles microbes!

### Certaines bactéries sont bonnes pour nous
Pourtant, la très grande majorité des bactéries sont bonnes pour nous, on n'a qu'à penser au yogourt ou aux produits biologiques pour comprendre que toute bactérie n'est pas bonne à tuer!

Dans certains endroits comme à la maison, il n'est pas nécessaire d'éradiquer toute activité microbienne sur les surfaces. Toutefois, c'est essentiel dans une salle d'opération!

### Parlons de la salle de toilettes publique.
Qu'elle soit dans une clinique, une école, un centre commercial, un restaurant ou même au bureau, certains sont craintifs à toucher les surfaces dans une salle de toilettes publique. Pas vous?

### Concevoir la salle de toilettes idéale

Salle de toilettes

---

Dans cette salle, vous retrouverez des accessoires conçus spécialement en fonction de 3 critères de base :

- La réduction du risque de transmissions de maladies infectieuses
- La réduction de la consommation (protection de l'environnement)
- Le confort et le bien-être de l'usager
- Parmi ces rubriques, vous retrouverez :
    o Chasses d'eau automatiques
    o Systèmes de nettoyage en continu
    o Robinets automatiques
    o Portes automatiques
    o Urinoirs sans eau
    o Distributeurs de savon automatiques
    o Séchoirs à mains sans contact

# Service de nettoyage de jour pour un meilleur service?

Pendant des années, on a vanté les mérites du service de nettoyage de soir ou de nuit comme étant une façon d'augmenter la productivité et la qualité des prestations d'entretien ménager.

Depuis quelque temps, on observe un phénomène inverse. Les entreprises ont recours de plus en plus à un service jour pour la quasi-totalité de leur service d'hygiène et salubrité. Est-ce qu'il s'agit d'une mode? D'un changement durable? D'une nouvelle façon de faire qui est plus rentable?

Voici un tableau qui résume les avantages et les inconvénients d'un service de nettoyage de jour vs un service de nettoyage soir/nuit

Tableau des avantages et inconvénients
d'un service de nettoyage jour vs soir/nuit

| | Avantages | Inconvénients |
|---|---|---|
| Service nettoyage de jour | • Économie d'énergie (chauffage, éclairage)<br>• Motivation du personnel accrue<br>• Diminution de l'absentéisme<br>• Valorisation du travail<br>• Recrutement facilité<br>• Rapidité d'intervention | • Dérangement des occupants<br>• Difficulté d'entreprendre de gros travaux<br>• Frais d'exploitation généralement plus élevé |
| Service de nettoyage de soir | • Augmentation de la productivité<br>• Flexibilité d'opérations | • Perte de performance due à la fatigue<br>• Absentéisme plus élevé<br>• Faiblesse de supervision |

Mon expérience m'a permis de composer avec toutes sortes de situations :

- Une commission scolaire où les écoles fonctionnaient sans service de jour
- Une autre commission scolaire où les écoles fonctionnaient sans service de soir (ou presque)
- Des centres de santé (hôpitaux) où les travaux périodiques étaient accomplis la fin de semaine

- Des industries où l'entretien était confié en sous-traitance ou en régie externe ou aux deux!
- Une base militaire qui avait plus l'air d'une ville avec ses 92 bâtiments!
- Un bureau où le ménage n'était qu'une seule fois par semaine.
- Une usine où les bureaux étaient faits 1 fois par mois!
- etc.

Toujours est-il que la plupart du temps, le cadre horaire est souvent défini par « convention » c.-à-d. « Ça a toujours été comme ça » que par souci d'efficience. Le meilleur cadre horaire est fonction de vos besoins et de votre environnement propre. En d'autres termes, avant de dire que votre façon de faire n'est pas la bonne et qu'il faut que ça change, assurez-vous d'avoir fait le tour de la question.

La réponse se trouve peut-être là où vous ne vous y attendez pas! Il existe des facteurs importants à considérer avant d'entreprendre un changement d'horaire majeur. Ces quelques pistes de solutions, souvent négligées, sont les suivantes :

- L'évaluation du parc d'équipement
- L'efficacité des produits nettoyants et des systèmes de dilution
- L'analyse des travaux à effectuer et des besoins en production
- La formation des employés
- L'équipe de gestion et la supervision des travaux
- Le contrôle de la qualité des prestations
- La gestion et le traitement des plaintes clients.
- Le plan de communication avec les occupants et les employés
- La volonté de la direction
- Les considérations environnementales

Avec toutes ses idées en tête, selon vous, votre service de nettoyage est-il fait dans la bonne plage horaire? Qu'en pensez-vous? Vous avez des questions? Écrivez-moi directement à glanthier@lalema.com ou sur Twitter @lalema, ça me fait toujours plaisir.

## Est-ce qu'on peut décontaminer les moisissures soi-même?

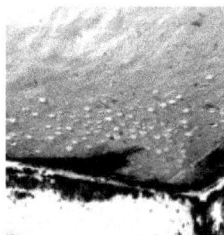

Peut-on en toute sécurité décontaminer une surface qui présente des signes de moisissures? La réponse est « ça dépend ».

Cet article m'a été suggéré par un ami, Jean-François Fortier. J'espère qu'il n'a pas trop de problèmes de moisissures!

Selon le guide « *Combattre la moisissure de la SCHL* » :

> *Les personnes en bonne santé peuvent nettoyer les petites et moyennes surfaces affectées par la moisissure pour empêcher qu'elles ne s'étendent, à condition toutefois de respecter les mesures de précaution et les directives relatives au nettoyage.*

Une petite surface ne représente pas plus de trois plaques, chacune inférieure à 1 m². Dans le cas d'une moyenne surface, on entend une plaque de 1 m² à 3 m² qui équivaut à une feuille de contreplaqué. La SCHL recommande alors de faire évaluer la situation par un spécialiste.

### Comment nettoyer les moisissures

Assurez-vous de porter l'équipement approprié de protection individuelle, tel masque anti-poussière jetable, lunettes de protection et gants de caoutchouc.

Pour la solution nettoyante, un produit nettoyant germicide et fongicide tel que l'INTREPID fera l'affaire. Attention aux surfaces peintes, si jamais le Placoplatre est atteint, il faut le changer. Toujours suivre le mode de dilution et le mode d'emploi.

### Conseil pour prévenir la moisissure

Il est toujours préférable de prévenir que de guérir. De plus, tant qu'il y aura une source d'humidité, les moisissures réapparaîtront. Vous pouvez contrôler la croissance des moisissures en suivant ces quelques conseils :

- Conservez votre logement au sec
- Remédiez immédiatement à toute fuite d'eau
- Débarrassez-vous des articles qui ne servent plus
- Entretenez votre logement et nettoyez-le régulièrement
- Adoptez des habitudes de vie qui contribuent à réduire l'humidité

# Comment optimiser la qualité du nettoyage?

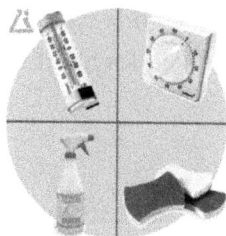

Voici un petit guide pour vous aider à comprendre le nettoyage. Ça s'explique en 4 points :

- Température
- Temps
- Travail
- Chimique

Ce concept est parfois appelé le cercle de Sinner ou « 3T-C », il s'agit de 4 facteurs qui influencent la qualité du nettoyage.

## Température

La chaleur peut influencer la qualité du travail. Certaines saletés se délogeront plus facilement sous l'effet de la chaleur. On n'a qu'à penser au lavage de la lessive.

La chaleur aura toutefois des limites (risque de brûlures, dommage sur les surfaces, génération de vapeur forte des solutions nettoyantes).

Avec l'équipement approprié, on peut même effectuer du nettoyage avec de la vapeur!

## Temps

On ne le dira jamais assez, LAISSEZ AGIR LA SOLUTION NETTOYANTE! Plus l'eau et le nettoyant seront en contact avec les souillures, meilleure sera la dissolution. En exemple, nos parents savaient depuis longtemps qu'en laissant tremper un chaudron bien collé toute la nuit, le nettoyage était grandement facilité le lendemain!

Le temps a aussi ses limites, selon la nature de la tâche et de la tache, après quelques minutes ou quelques heures, les impacts seront diminués.

## Travail

Le travail, l'action mécanique, le frottement en d'autres termes, le jus de coude! Voilà ce que ça prend. Donc, il est important de frotter manuellement avec un chiffon ou une brosse. En frottant avec une machine rotative pour plancher et utilisant un tampon de sol, cela aide également.

Parmi les limites du travail, il y a le maximum d'effort physique, le risque de dommage aux surfaces.

## Chimique

L'action chimique d'un produit d'entretien sanitaire assure une meilleure performance du nettoyage. Un nettoyant-dégraissant sera plus puissant qu'un nettoyant tout usage neutre. Certains types de saletés comme les résidus de savons seront facilement délogés par des produits acides. Les désinfectants de surfaces dures quant à eux auront pour fonction spécifique de tuer les micro-organismes.

Parmi les limites des produits chimiques, il y a les risques associés à la manipulation c'est pourquoi les équipements de protection individuelle peuvent être requis. Il y a aussi le bon choix selon la nature des saletés.

## L'astuce : c'est un équilibre entre les 4 facteurs

Donc l'astuce, c'est qu'en augmentant un facteur, on peut réduire les autres. Par exemple :

- En utilisant un chiffon microfibre plutôt qu'un linge ordinaire, on augmente l'action mécanique (plus rugueux), on peut réduire le temps.
- En augmentant la température de l'eau (attention, pas trop!), on pourra réduire le travail ou l'action mécanique ou encore peut-être la puissance du chimique.
- En augmentant le temps de contact de la solution nettoyante, on pourra réduire le travail ou l'action mécanique.

# Propreté dans les écoles : Pistes de solutions

La semaine dernière, j'entends Paul Arcand à la radio parler de la propreté dans les écoles ou plutôt, aurait-il été mieux de dire la malpropreté dans les écoles! Je suis allé lire l'article d'Ariane Lacoursière sur Cyberpresse. J'aimerais apporter mon opinion en 2 volets. Le premier en tant que père de filles à l'école primaire. Le second, en tant que professionnel de l'hygiène et la salubrité.

## Mon opinion de père

Mes deux filles vont à l'école primaire de mon quartier. Par déformation professionnelle, je salue parfois le matin avec le concierge de jour (quand il a le temps et ce n'est pas souvent!). Voyez-vous, quand je passe au service de garde, je le vois souvent à l'ouvrage dès 7 h à ramasser des déchets, à laver une section, à préparer un travail, à réparer un truc, à sortir les rebuts, à DÉNEIGER les entrées. Le travail dans les classes est généralement fait le soir. Je n'ai pas vraiment l'occasion de voir le concierge de soir, mais je suis certain qu'il fait un excellent travail.

Pourquoi? Je sais que cette école est bien gérée à plusieurs niveaux (direction, comité de parents, service de garde, activités parascolaires, implication des parents).

Du moins, c'est ma perception. Est-ce qu'il y a des fourmis dans les fenêtres? Je n'ai pas regardé sincèrement, mais lorsque chez moi je lave mes fenêtres au printemps, il y en a!

## Mon opinion professionnelle

Pour qu'une inspection de la qualité soit cohérente, elle doit s'inscrire dans un programme continu d'évaluation de la qualité.

Est-ce que votre système est le meilleur? Je ne sais pas. À vous de me le dire. Mais un élément important doit être pris en compte : c'est le temps que ça prend à corriger une situation. Encore faut-il que la non-conformité soit décelée!

Un concierge en régie interne quant à lui devrait être en mesure d'apporter également des corrections dans un délai similaire. Mais ce n'est pas tout, je pense que pour réussir, un ensemble d'éléments doit être considéré :

- Mission, rôles et responsabilités du service
- Évaluation des besoins en ressources
- Répartition de la charge de travail
- Organisation du travail
- Planification des travaux périodiques
- Produits et équipements
- Techniques de travail
- Santé et sécurité
- Appréciation de la qualité des prestations

## Conclusion sur la propreté dans les écoles

J'aimerais bien que toutes les écoles soient propres. Est-ce le cas? C'est peut-être là le véritable iceberg.

# Hygiène et salubrité et désinfection dans les hôpitaux

Ce chapitre porte spécifiquement sur l'hygiène et la salubrité dans les hôpitaux. On y aborde également la désinfection sur divers angles.

## Le risque infectieux dans les hôpitaux

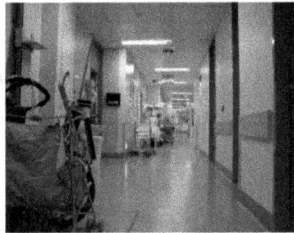

Le nettoyage a longtemps été une affaire de « visuel ». Une odeur fraîche de propreté et une absence de tache ou de résidu suffisaient pour définir qu'un lieu était propre. Cela dit, dans un environnement du bureau ou une salle de classe cela demeure généralement un bon indice de la propreté.

Mais nous savons également que les microbes (bactéries ou virus), invisibles à l'œil nu, présentent un risque pour la transmission des infections. Prenez l'exemple du virus de la grippe, il peut survivre jusqu'à 48 heures sur une surface dure!

Sans procédure de désinfection établie ou un programme de contrôle de la qualité, <u>les microbes peuvent donc survivre en milieu hospitalier</u>.

3 facteurs-clés doivent être considérés pour effectuer une analyse du risque infectieux :

- Le patient est-il porteur d'un agent pathogène? L'agent pathogène est classé selon sa capacité de propagation et sa virulence. Le choix d'un nettoyant-désinfectant en découlera également.

- Les activités fonctionnelles du secteur représentent-elles un risque de transmission des infections par l'environnement? Ex. Services alimentaires, Bureaux, Soins intensifs, etc.
- L'intensité du contact est une fonction de l'achalandage des lieux et des surfaces les plus susceptibles d'être touchées. Ex. : Robinetterie.

# La coordination des interventions et l'élaboration d'un devis technique

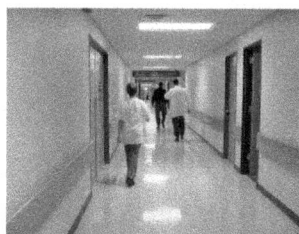

Le nettoyage dans les hôpitaux permet de réduire le risque d'infection pour les patients. Bien entendu, ce n'est pas le seul facteur : les bonnes pratiques d'hygiène personnelle notamment le lavage des mains et l'utilisation des équipements de protection personnelle comme les blouses, les gants, les masques ou les lunettes sont aussi des éléments importants.

Donc, pour avoir un bon plan d'entretien sanitaire des surfaces, il convient de bien coordonner les interventions. Un gestionnaire d'hygiène et salubrité doit alors considérer :

- Le type de lieux associés au niveau de risque;
- Les tâches à effectuer;
- La fréquence d'entretien requise.

Un devis détaillé et bien appliqué permet entre autres de valider l'efficacité du nettoyage.

- L'approche globale sera déterminée par type de lieu :
    o Éradication systématique (ex. Salles d'opération);
    o Maintien d'une faible charge environnementale (par exemple le risque faible d'infection dans les espaces de bureau individuel).
- Équilibre écologique des micro-organismes. Cette approche se base sur la concurrence entre bons et mauvais microbes. Si les bons microbes sont là, il y a moins de place pour la croissance des mauvais (par exemple les milieux de vie).
- Salubrité verte. Approche qui utilise moins de produits toxiques.

Revoir et améliorer les aménagements ou les revêtements (lors de la conception ou lors de rénovations).

# Le travail des préposés en hygiène et salubrité

Les préposés en hygiène et salubrité sont un des atouts clés dans la lutte aux infections dans le milieu hospitalier. Leur rôle, autrefois peu valorisé, l'est maintenant par l'importance qu'ils ont dans la stratégie globale de l'entretien des surfaces.

La salubrité qui découle du travail des préposés requiert un niveau de performance adéquat sinon élevé. Pour y arriver, le personnel ainsi que les gestionnaires doivent maîtriser l'ensemble des éléments qui composent ce métier.

Les produits d'entretien et le parc d'équipement constituent indéniablement des éléments importants pour assurer l'efficience lors de l'asepsie de l'environnement de tout établissement. Il devient donc essentiel d'associer étroitement les actions quotidiennes de la main-d'œuvre, en matière d'hygiène, avec une gamme de produits et d'équipements qui favorisent la qualité de leur prestation.

Depuis quelques années, grâce entre autres au dévouement et à l'implication de plusieurs membres du réseau de la santé (on en retrouve plusieurs dans le conseil de direction de l'AHSS), on compte plusieurs éléments nouveaux :

- Formation provinciale
- Création d'un AEP en hygiène et salubrité en milieux de soins de 630 heures maintenant offert dans plusieurs commissions scolaires
- Journée provinciale en hygiène et salubrité
- etc.

Ceci étant dit, le personnel d'hygiène et salubrité mérite toute notre reconnaissance. Merci à vous!

## L'organisation du travail en hygiène et salubrité

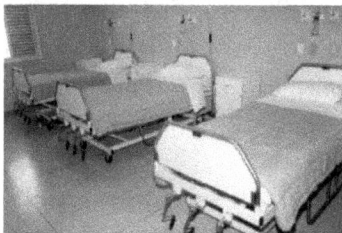

En quoi une organisation de travail adéquate contribue-t-elle à la propreté d'un hôpital? Comment faire pour être à la bonne place au bon moment avec les bons outils? Voilà quelques questions auxquelles je répondrai.

### Évaluation des besoins de production

Avant toute chose, il convient d'évaluer les besoins en hygiène et salubrité. Pour ce faire, une évaluation normalisée est préférable, mais elle doit être adaptée en fonction du type de milieux, d'unités et d'achalandage.

C'est également lors de l'évaluation des besoins que sera déterminé le devis d'hygiène et salubrité. On s'assure de bien considérer tous les travaux qu'ils soient journaliers, hebdomadaires, mensuels ou annuels.

Typiquement, les résultats seront présentés en rendement de production (mètres carrés/heure) ou en nombre d'équivalents à temps complet.

Comment réduire les pertes de temps?

Comment mesurer la productivité dans un contexte où une partie importante de la tâche est dans le déplacement? En effet, les départements d'hygiène et salubrité sont presque toujours au sous-sol alors que leur travail se passe en grande partie sur les étages!

En réduisant les déplacements, on augmente la productivité.

C'est pourquoi le chariot du préposé doit être le plus complet possible et les points d'eau ou remises d'entretien bien approvisionnées en fournitures (produits de papier ou sacs à déchets notamment), équipements et produits sanitaires.

Il va sans dire que de bons tapis d'entrée retiendront beaucoup de saletés.

**Réussir sa journée!**

Voici quelques trucs pour bien réussir sa journée :

- Établir une séquence des actions à accomplir dans une journée/semaine/période
- Définir l'ordre séquentiel des locaux
- Incorporer les travaux connexes et périodiques (mensuels)
- S'assurer d'avoir des blocs dédiés aux travaux périodiques (dépoussiérage en hauteur, polissage, etc.)
- Minimiser les déplacements
- Travailler à l'espace plutôt qu'à la tâche
- Distribuer équitablement le travail
- Une image vaut 1000 mots : favoriser un plan couleur accompagné de graphiques à une simple liste des tâches dans Word!

# La désinfection des surfaces en milieux de soins de santé

### Les types de désinfectants

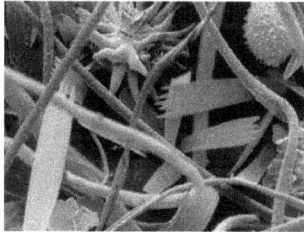

Nous retrouvons sur cette photo agrandie vingt-deux millions de fois, des poussières domestiques contenant de longs poils comme la fourrure de chat, des fibres synthétiques tordues et en laine, un grain de pollen, des plantes, des écailles d'insectes dentelées et des restes d'insectes. La photo est extraite de Microcosmos, un nouveau livre qui plonge le lecteur dans un monde d'extrême gros plan.

Un **désinfectant** est un produit chimique ou physique qui tue ou inactive des micro-organismes tels que les bactéries, les virus et les protozoaires, sur des surfaces inertes comme sols, murs, comptoirs, tables, sièges, poignées de porte, brancards, etc.

Il existe plusieurs produits nettoyants désinfectants pour lesquels on parle toujours d'un ingrédient actif. L'ingrédient actif c'est l'ingrédient qui tue effectivement les micro-organismes. Parmi les plus souvent rencontrés, on retrouve les produits chlorés, les produits à base de peroxyde d'hydrogène, les alcools et la famille des ammoniums quaternaires. C'est d'ailleurs sur cette dernière famille de désinfectant que porte l'infographie suivante :

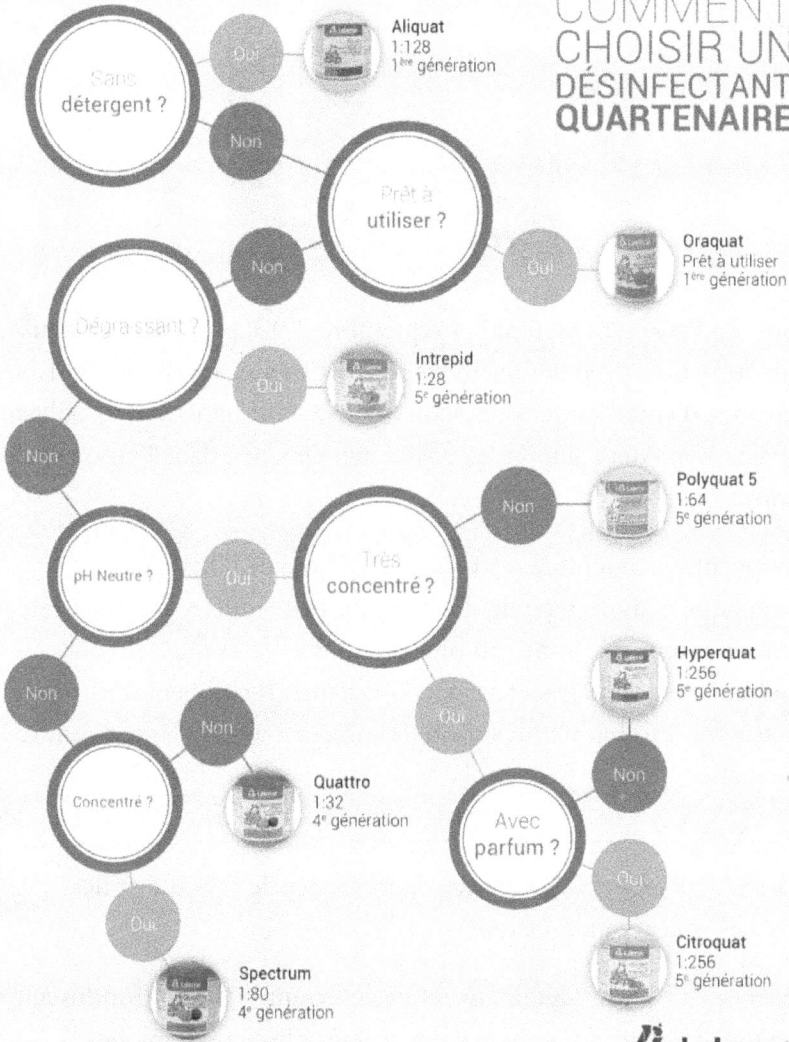

COMMENT CHOISIR UN DÉSINFECTANT QUARTENAIRE

Sans détergent ?

Oui — Aliquat
1:128
1ère génération

Non — Prêt à utiliser ?

Oui — Oraquat
Prêt à utiliser
1ère génération

Non — Dégraissant ?

Oui — Intrepid
1:28
5e génération

Non — pH Neutre ?

Oui — Très concentré ?

Non — Polyquat 5
1:64
5e génération

Oui — Avec parfum ?

Non — Hyperquat
1:256
5e génération

Oui — Citroquat
1:256
5e génération

Non — Concentré ?

Non — Quattro
1:32
4e génération

Oui — Spectrum
1:80
4e génération

Lalema
Redéfinir l'hygiène • Rethink hygiene

## Pourquoi utiliser le peroxyde d'hydrogène pour désinfecter les surfaces?

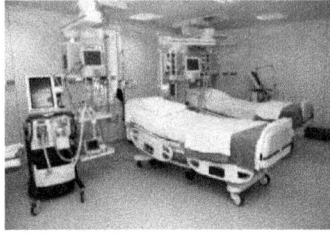

Selon La Presse du mercredi 4 septembre 2013, plusieurs hôpitaux sont aux prises avec des bactéries résistantes aux antibiotiques. Les éclosions d'entérocoques résistants à la vancomycine (ERV) obligent certains hôpitaux à limiter les visites aux patients, dans l'espoir de les enrayer.

Nettoyant, Quat, chlore, eau de Javel, peroxyde d'hydrogène, phénolique et autre type de désinfectant peuvent être un casse-tête. Il vient un temps où on ne sait plus où donner de la tête. Chaque produit a ses avantages et ses inconvénients. Il convient donc de bien choisir son produit nettoyant ou désinfectant avant d'entreprendre une tâche.

Dans le document intitulé « *Désinfectants et désinfection en hygiène et salubrité : Principes fondamentaux* », le ministère de la Santé et des Services sociaux indique que :

Souvent, les termes détergents et désinfectants sont confondus alors que tous les deux font appel à des réalités physico-chimiques différentes. Par conséquent, ces produits ont un rôle différent qui peut cependant être complémentaire, selon la nature de l'intervention désirée. Il y a donc lieu de faire la distinction entre un détergent et un désinfectant.

Un détergent, [...], cherche à déloger les organismes ou les salissures qui adhèrent à une surface. Le fait qu'un organisme soit détaché de son support augmente la surface de contact avec un désinfectant, ce qui se traduit par une augmentation de l'efficacité de ce dernier.

Un désinfectant a pour objectif de s'attaquer aux constituantes d'un organisme. Santé Canada définit un désinfectant comme « un agent antimicrobien pouvant détruire des micro-organismes pathogènes et susceptibles d'être pathogènes sur les surfaces inanimées ».

### Les avantages du peroxyde d'hydrogène

Les peroxydes d'hydrogène ($H_2O_2$) sont reconnus comme étant de puissants oxydants. Ils réagissent rapidement et ne génèrent pas de résidus ou de gaz toxiques (sauf si mélangés avec d'autres produits chimiques par exemple du vinaigre).

Les produits à base de peroxyde d'hydrogène n'ont aucun effet de rémanence, par contre, pour une désinfection terminale ou pour obtenir une désinfection à large spectre ou de haut niveau, ils sont tout à fait recommandés.

### Les inconvénients du peroxyde d'hydrogène

Le grand pouvoir oxydant du peroxyde d'hydrogène peut causer une détérioration à long terme de certaines surfaces lorsqu'incompatibles. Il convient de toujours consulter les bulletins techniques fournis par les manufacturiers. L'utilisation de protection personnelle peut aussi s'avérer requise.

### Les lingettes désinfectantes au peroxyde d'hydrogène

Il existe plusieurs solutions sur le marché, mais l'une d'elles a retenu notre attention : il s'agit des nouvelles lingettes désinfectantes au peroxyde d'hydrogène CLOROX. Ces lingettes vous offrent la flexibilité d'un produit prêt à utiliser avec toute la puissance du peroxyde d'hydrogène.

L'action à large spectre de ces **lingettes désinfectantes** s'opère sur 38 bactéries et virus, dont 9 micro-organismes résistants aux antibiotiques en 30 à 60 secondes. Ce qui signifie pour vous une désinfection sans perte de temps.

*Vous désirez effectuer une désinfection rapide sans eau de Javel?*

Cessez enfin de faire des compromis! Les **serviettes nettoyantes désinfectantes au peroxyde d'hydrogène** de CLOROX Healthcare ont été développées à partir d'une formule au peroxyde d'hydrogène exclusive qui permet non seulement d'obtenir un excellent pouvoir nettoyant et les meilleurs temps de désinfection, mais aussi de nettoyer un grand nombre de surfaces sans parfum et sans émanation ni odeur forte de produit chimique.

### Ali-Flex RTU tue les spores du *C. difficile* en 5 minutes

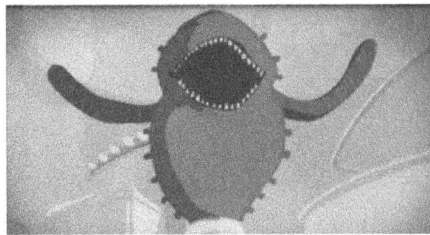

Un laboratoire externe indépendant a récemment testé notre produit Ali-Flex RTU et a déterminé son efficacité à tuer les spores du *C. difficile* **en seulement 5 minutes.**

Un succès pour vous aider à résoudre vos éclosions de *C. difficile*

Nous avons réussi à créer une formule améliorée qui donne à l'Ali-Flex RTU une efficacité microbicide qui est **10 fois** supérieure aux critères de Santé Canada. De plus, un des avantages majeurs de l'Ali-Flex RTU est d'être un désinfectant ainsi qu'un nettoyant.

Ali-Flex RTU est prêt à utiliser et ne requiert aucune dilution, ce qui permet d'éviter les erreurs de dilution ou une manipulation erronée du produit, tout en épargnant du temps.

Les tests ont été effectués sur une souche hyper virulente de spores de *Clostridium difficile*, une souche de NAP/B1/027 précisément appelée R20291, suivant la méthode standard demandée par Santé Canada et désignée ASTM E2111-05. La réduction moyenne a été déterminée supérieure ou égale à $6.95 \pm 0.05 \log_{10}$ CFU. Vous pouvez trouver plus de détails sur notre site Internet en cliquant ici.

Les avantages de l'Ali-Flex RTU en quelques points :

- Nettoyant-désinfectant 2-en-1
- Efficacité **10 fois** supérieure aux critères de Santé Canada
- Tue les spores du *C. difficile* en 5 minutes
- Produit polyvalent : utilisable avec des chiffons microfibre ou des lingettes imbibables jetables (p. ex. : système Wet Task)

Toute l'équipe est profondément fière de ce résultat, car non seulement l'Ali-Flex RTU est un produit unique et polyvalent, mais il se révèle en plus être un des produits les plus efficaces contre les spores du *C. difficile* sur le marché. Ces résultats démontrent donc aux établissements de santé qu'il est possible de désinfecter les lieux en bien **moins de temps**, et ce, sans le besoin de diluer le produit.

# Essais, Prospective et Futurologie

Ce chapitre jette un regard plutôt optimiste sur notre futur. Si tout va bien!

## Qu'avez-vous inventé aujourd'hui?

Parlez-moi d'une innovation! Les utilisateurs sont souvent les premiers et meilleurs innovateurs. Un problème amène une solution.

Voilà ce que ce monsieur a accompli pour faire tomber la neige de son sapin. Il a simplement utilisé un manche télescopique, qui n'avait pas été conçu pour cela à l'origine. Évidemment, il n'est demeuré prudent qu'en ne s'assurant qu'il n'y avait personne ni de fil électrique à proximité.

Et vous, qu'avez-vous inventé aujourd'hui?

## Les produits nettoyants en voie d'extinction d'ici la fin du siècle?

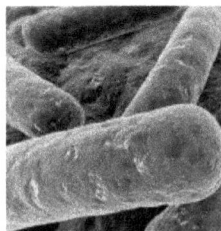

Les technologies évoluent rapidement. On sait tous quand un nouvel iPhone est lancé par Apple ou lorsque Microsoft présente sa nouvelle mouture de Windows. Parfois, on préférerait garder notre vieille version.

Il en va de même pour les produits nettoyants. On aime bien le produit nettoyant qu'on utilise depuis des années, mais souvent il existe des produits utilisant des technologies plus récentes.

Voici deux exemples de technologies en développement. Peut-être les verrons-nous un jour!

### Vers la création d'un bouclier antibactérien
Une molécule en forme de tire-bouchon, une super molécule de la classe des « flexicates » efficaces contre l'E.coli ou le *SARM*. Encore bien loin des essais chez l'humain, qui sait si ces molécules ne seront pas les désinfectants du futur!

### Des fenêtres qui bloquent la lumière

Une fenêtre qui passe de clair à opaque en quelques secondes, favorisant l'éclairage naturel et l'économie d'énergie. On ne verrait plus les nettoyeurs qui nous déconcentrent pendant notre travail!

### Le futur vous attend avec les produits nettoyants
En attendant, choisir des produits écologiques et des équipements moins énergivores représente une étape de plus. À la fin du siècle, les produits nettoyants seront encore là, mais ils auront bien changé!

# Avec une lampe ultra violette, vous faites plus que jouer à l'agent secret

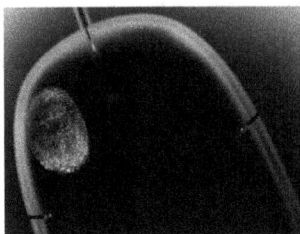

C'est en écoutant les Oscars que m'est venue l'idée d'écrire cette section. Qui dans sa jeunesse n'a pas joué à l'agent secret au service de Sa Majesté?

### 50 ans au service de Sa Majesté

Les 50 ans du célèbre agent secret 007 sont venus avec leurs lots de gadgets. C'est d'ailleurs dans *le film « A View to a Kill »* que James Bond utilise une lampe à ultra-violet pour lire des documents secrets en faisant apparaître les empreintes de marques de stylo sur le papier.

### Le contrôle de la qualité pour le nettoyage des surfaces

Mais aujourd'hui, il existe des applications concrètes pour les lampes à UV, et je ne parle pas d'aller jouer au LaserQuest!

En effet, l'utilisation d'un crayon extraordinaire (invisible à l'œil nu) vous permettra de marquer des surfaces et de vérifier, après l'opération de nettoyage, si les surfaces ont été nettoyées convenablement.

Grâce à une **lampe ultraviolette**, le marquage vous révélera les endroits oubliés. C'est bien pratique lors des désinfections critiques ou l'évaluation des surfaces à potentiel élevé de contamination « high Touch ».

**Des lampes UV pour tous**

Ici, j'exagère à peine en disant que James Bond serait jaloux :

- Lampe en stylo;
- Lampe antichoc;
- Lampe de poche;
- Lampe en forme de fusil sorti tout droit d'un film de science-fiction;
- et j'en passe.

Malgré ces caractéristiques qui sont pour le moins cocasses, toutes ces lampes ont un point en commun : les lampes ultraviolettes peuvent vous aider à bâtir un système d'évaluation de la qualité pour le nettoyage des surfaces.

# Un droïde lave-vitres

L'acquisition par Disney de Lucas Films devrait réjouir (ou pas) les admirateurs de Star Wars. En tout cas, cette nouvelle ne laissera personne indifférent. Cette section porte sur la vision d'un droïde lave-vitres telle que cela se passait il y a des milliards d'années dans une galaxie lointaine, très lointaine.

**Droïde lave-vitres**

Le CLE-004 était un droïde à turbo-répulseur équipé avec une polisseuse unique électrostatique en saillie sur un bras articulé de son corps trapu. Le droïde utilisait sa polisseuse pour effacer les marques et la saleté des fenêtres et les chiffres laissés par des droïdes d'installation.

Le lave-vitre CLE-004 pouvait même polir une grande fenêtre en quelques secondes à peine. Les droïdes CLE-004 ont souvent été vus seuls sur des mondes comme Coruscant.

Leurs répulseurs leur permettaient d'atteindre même les plus hauts bâtiments des villes galactiques. Ces droïdes ne disposaient pas d'un processeur interne, s'appuyant plutôt sur un système de contrôle maître pour diffuser les commandes à leurs récepteurs de puissance.

### Des nettoyants à vitre de l'ère moderne
Ne cherchez plus, ce droïde n'existe pas (pas encore du moins). Mais il existe plusieurs nettoyants à vitre écologique et raclette à vitres performantes.

**Que la force soit avec vous!**

# Le Papier intelligent

Après les téléphones intelligents, les tableaux interactifs et l'intelligence artificielle, voilà que les papiers essuie-mains ont leur heure de gloire.

Depuis un peu plus de 3 ans, un produit nouveau a fait son apparition sur le marché : un papier essuie-mains antibactérien.

« Ce que nous annonçons propulsera notre entreprise dans une nouvelle ère! » a lancé le PDG, Alain Lemaire.

L'essuie-mains **antibactérien** s'utilise comme un essuie-mains en papier régulier. Il complète le processus de lavage des mains, tout en offrant un outil de défense antibactérien. Il minimise les risques de contamination transmise par les mains en séduisant significativement les bactéries résiduelles sur les mains.

Ce produit unique et innovateur se démarque par son effet antibactérien persistant qui protège les mains des contaminations futures pendant 30 minutes. Un bénéfice important que n'offre pas la majorité des produits d'hygiène des mains.

C'est un allié indispensable dans les milieux où la contamination bactérienne et l'hygiène des mains sont des préoccupations quotidiennes.

## Une planète similaire à la Terre! Un grand nettoyage s'impose!

Voici un sujet qui sort un peu de l'ordinaire et sur lequel s'emballent les réseaux sociaux (à tout le moins ceux que je fréquente). La NASA a annoncé la découverte d'une planète similaire à la Terre où la température moyenne y serait de 22 degrés Celsius et où il y aurait de la terre ferme et de l'eau.

Bon, notez qu'on n'y sera pas demain. Cette planète est située à près de 1 000 milliards de kilomètres. Une navette prendrait 22 millions d'années pour s'y rendre. Imaginons, cependant, quels seraient nos préparatifs.

**Le papier et les nettoyants, c'est nécessaire pour une telle distance...** Avant de partir, il faudra faire provision de papier de toilette et de produits d'entretien de toute sorte!

**Retenir la saleté à l'entrée, ça épargne des coûts...** À la porte d'entrée (le sas), un bon tapis d'entrée retiendra 85 % de la poussière extra-terrestre.

**Recycler : c'est protéger notre environnement.** Dans cet environnement fermé, le recyclage n'est pas une option, c'est une obligation. Alors des stations de recyclage un peu partout dans le vaisseau, ça va aider!

**Réduire l'activité microbienne, ça prévient des maladies.** Un bon programme d'hygiène commence par un bon lavage des mains. Pour ça, il faut du savon à main. Si on veut prolonger l'efficacité du savon, on peut aussi utiliser un papier à mains intelligent qui, par son effet antibactérien persistant, protège les mains des contaminations futures pendant 30 minutes.

**Et si c'était l'hiver?** Finalement, si en débarquant, c'était l'hiver? Un bon fondant à glace qui n'endommagerait pas le vaisseau est vivement conseillé.

**Morale de cette histoire :** retenez que TOUS ces conseils s'appliquent aussi bien à votre lieu de travail, que ce soit un immeuble de bureaux, un centre de soins de santé, un établissement d'enseignement, un centre commercial, une usine, un vaisseau spatial ou une planète extra-terrestre.

# Balai qui roule, ramasse plein de mousse

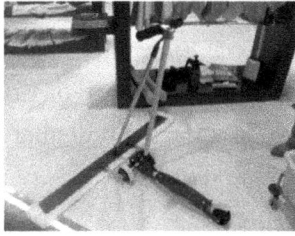

Pour plusieurs d'entre vous, la **tâche de dépoussiérer** de grandes surfaces est parfois longue et fastidieuse.

Alors, imaginez un gymnase! C'est grand un gymnase!

Imaginez un long corridor, un loooong corridor... C'est long, un loooong corridor!

Chaque jour, la même routine, chaque soir, le même balai, chaque lendemain, c'est un recommencement.

Heureusement, des maîtres-penseurs se sont mis à l'œuvre et ont résolu le problème.

- Ce que l'on veut améliorer c'est la vitesse du balai
- Ce que l'on doit préserver, c'est la quantité de débris ou poussière ramassée.

Ces deux principes sont un peu en contradiction! Le balai <u>doit aller lentement</u> pour être efficace. Le balai <u>doit aller vite</u> parce qu'on a beaucoup de travail. Mais on ne veut pas de compromis!

Parmi les pistes de solution, selon une méthode scientifique appelée TRIZ (cette méthode se base sur l'étude statistique de plus de 2 000 000 de brevets pour trouver des solutions à des problèmes techniques et physiques), on retrouverait notamment :

- Accomplir l'action requise partiellement à l'avance (faire un premier passage avec un outil plus large, mais plus grossier)
- Placer les objets sans dépenser le temps pour le déplacement (tasser les meubles)
- Modifier la fréquence de l'action périodique (passer le balai plus souvent)
- Remplacer les parties solides par un système hydraulique ou pneumatique (on pourrait y mettre des roues)

Un balai-trottinette! Fallait y penser!

Vous en voulez un?

Source et inspiration : Mickaël Gardoni, professeur à l'ÉTS et aussi les 24 heures de l'innovation.

# Et si la prochaine pandémie ressemblait à cela...

J'aime bien le cinéma et « Contagion » (dirigé par Steven Soderbergh)! Pourquoi direz-vous? Qui ne se souvient pas de la « pandémie » du virus H1N1 en 2009? J'avais envie de voir un bon film dans le style « catastrophe » et de voir ce qu'il en est depuis.

Le film m'a plu en général. J'ai aimé le déroulement d'un décompte quotidien et la tension montée tout au long du film. Il va s'en dire qu'étant habitué au style hollywoodien, le scénario laisse peu de place à la surprise.

Ce qui m'a le plus fait sourire (ironie), c'est les relations entre humains, mais surtout entre organisations. Le pouvoir, la politique, les budgets et les protocoles sont au cœur des plus grandes difficultés. L'OMS, le CDC, les différents ministères de la Santé des états américains, les compagnies pharmaceutiques et l'armée se disputent et se s'entre-déchirent.

Toutefois, ces organisations sont aussi composées d'êtres humains comme vous et moi qui ont des familles, qui ont leur moment de faiblesse ou qui sont à ce point déterminé qu'ils mettront leur travail au-dessus de tout.

Et si au Canada nous devions vivre à nouveau une pandémie de style H1N1 ou pire de type grippe aviaire, une bonne campagne de sensibilisation s'imposerait-elle? Est-ce que le temps le permettrait?

Et parmi toutes les sources d'information, qui croire? Les organisations mondiales? Notre gouvernement? Nos agences de santé? Un simple blogueur comme moi?

Justement, le film parle d'un blogueur qui connaît un succès monstre parce qu'il propose une solution miracle homéopathique et dénonce les compagnies pharmaceutiques et les organisations officielles! Il devient une menace parce que ce qu'il propose n'est pas la « norme ». On en vient à douter de l'intégrité de tout le monde! C'est un peu déconcertant.

Je termine en donnant au film une note de 7.6 sur 10 et en espérant que la prochaine pandémie n'arrive pas.

## Une navette spatiale au musée

Le 12 juillet 2011 fut un moment historique : le dernier vol d'une navette spatiale américaine. Rappelez-vous le film de James Bond : Moonraker dans lequel 4 ou 5 navettes décollaient simultanément pour aller peupler une station spatiale! C'était en 1979 soit 2 ans avant le premier vol de Columbia! 30 ans plus tard, c'est maintenant l'heure des bilans, mais surtout d'un bon nettoyage!

Même si je n'ai jamais fait affaire avec la NASA directement, je peux leur proposer d'utiliser des produits disponibles chez nous. Et si c'est bon pour eux, imaginez comment c'est bon pour vous!

Le nettoyant puissant 72L de 3M est conçu pour nettoyer l'intérieur et l'extérieur des aéronefs! Alors il va sans dire que les techniciens de la NASA seront enchantés par sa performance.

Même si elle ne servira plus, la vitre du pilote doit demeurer étincelante. Quand il faut rejoindre les hauteurs, une raclette à vitre c'est bien, mais lorsqu'elle est accrochée à un manche télescopique, c'est mieux!

Malheureusement, il y aura sûrement des déchets à mettre au rebut, alors, un collecteur de déchet mobile BRUTE viendra remplir cette tâche avec brio! Toutefois, les environnementalistes ne seront pas déçus puisque tout ce qui est recyclable pourra être déposé dans des poubelles BRUTE bleues.

Ainsi, dans 30 ans, lorsque nos enfants nous regarderont du haut de l'espace dans la station spatiale ISS42, ils pourront dire avec fierté que leurs parents ont fait des efforts pour garder notre planète propre parce qu'ils savaient bien nettoyer, même les vieilles navettes!

Galerie de photo

# Un nouvel amphithéâtre, faut que ça brille

Cher Monsieur Labeaume,

Dans le milieu de la politique municipale québécoise, deux vérités semblent s'imposer depuis quelques années : l'argent mène le monde et il vaut mieux être du bord de Régis Labeaume. Vos sorties publiques enflammées et votre cote de popularité font de vous un adversaire redoutable.

Nous n'avons absolument pas l'intention de nous opposer à vos projets, Monsieur Labeaume. Bien au contraire, nous serions prêts à vous offrir nos services pour l'entretien du nouvel amphithéâtre qui sera bientôt construit dans votre ville. Quand c'est neuf, faut que ça brille, surtout si Gary Bettman se met à faire des inspections surprises dans les prochaines années.

D'abord, quoi de mieux pour promouvoir le retour des Nordiques à Québec que des concierges, casquettes bleues et blanches sur la tête, bien assis sur leur autolaveuse TTV 678 , pouvant laver, récurer et même décaper toutes les surfaces. Le meilleur dans tout ça? Ces mini-zambonis sont déjà offertes en bleu!

Dans le même ordre d'idées, la laveuse de sols multisurfaces Duplex DP420 pourra faire le travail dans les endroits difficiles d'accès : les escaliers mécaniques, les gradins, sous les bancs des joueurs, la chambre des arbitres… s'ils ont été bons.

Pour les salles de bain, Monsieur Labeaume, il vous faudrait des séchoirs à main sans contact dernier cri. Surtout que le modèle que nous proposons, encore, arbore les couleurs des Nordiques. Ici, on appelle ça le destin.

Puis, comme les hivers sont rudes à Québec, il faudra des essuie-pieds efficaces pour absorber toute la slush et tout le sel amassé sous les bottes des partisans. L'Eco-step serait un choix idéal… sans compter que, vous m'aurez vu venir, il vient en bleu! Vous ne pouvez pas dire que je ne pense pas à tout.

Finalement, dans les rares occasions où les Nordiques seront éliminés en 4 en première ronde des séries éliminatoires (contre le Canadien, probablement), et où il vous faudra remplacer les matchs de hockey par des spectacles de dernière minute, vous pourrez compter sur l'Impact, un fondant à glace efficace qui ne laisse aucun résidu, afin de transformer votre stade de hockey en véritable amphithéâtre multifonctionnel.

Plus j'y pense, plus j'y crois : Monsieur Labeaume, nos produits conviennent parfaitement à votre projet. C'est le destin.

Galerie de photos

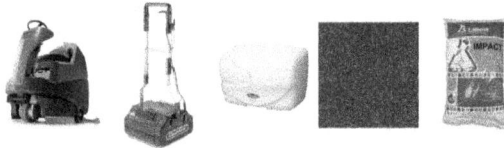

# Le Plan Nord, un plan propre?

Ça fait deux semaines que je ne dors pas. Je veux dire… On l'attendait. On s'est préparé. Personnellement, j'ai décoré tout mon sous-sol en conséquence. Mes amis me disaient que j'étais fou, que ça n'arriverait jamais. Quand je me levais trois fois par nuit pour aller voir sur Internet si l'annonce avait été faite, ma femme me regardait de travers.

Puis, le 9 mai, enfin, ça s'est produit.

Jean Charest a annoncé la mise en chantier du Plan Nord.

Ce qu'il y a de bien, avec ce genre de projet, c'est qu'il faudra nettoyer avant (les gens, là-bas, n'oseraient jamais recevoir dans un environnement sale) et après les nombreux chantiers. Pour moi, qui adore faire faire le ménage, c'est l'Eldorado, en plus froid. Sans compter que, logistiquement, nettoyer à -30 °C pose un bon nombre de problèmes intéressants.

En ces régions éloignées, le premier défi concerne le transport. Un détergent concentré est donc essentiel, pour éviter de monopoliser des dizaines de dix-huit roues uniquement pour l'acheminement du savon. Le Spin, par exemple, détergent à lessive à fragrance de citron (agréable pour ceux et celles qui « *b'auront pas le bez congestiobé par le rhube* »), est efficace en eau froide, ce qui permet de garder la quantité limitée (et précieuse) d'eau chaude pour le spa.

D'ailleurs pour le « *rhube* », il faudra des quantités considérables de papiers mouchoir super doux comme ceux de marque Kleenex. Et voilà une image de chat parce qu'on m'a toujours dit qu'une photo de chat, ça va bien avec les mouchoirs :

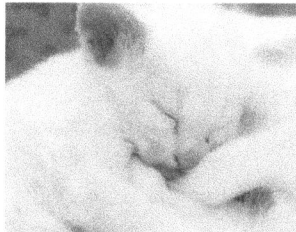

Le N-55 (un nettoyant à vitres), quant à lui, permet de laver de grandes surfaces à la fois par temps froid. Ça tombe bien, le Grand Nord québécois, c'est une grande surface, on y construira sûrement de grandes vitres. Bien sûr, il sera possible d'aider les laveurs de vitres en leur fournissant un tapis gratte-pieds Mat-a-dor, qui les empêchera de glisser durant leur besogne.

Finalement, je suis de ceux qui sont persuadés que la plus grande ressource consommée durant cette aventure sera le carton, à cause des gobelets remplis de café et de chocolat chaud qui pulluleront sur les chantiers. Nul doute que, dans leur commande de détergents divers, les entreprises voudront ajouter une ou deux caisses de ces fameux verres.

Bref, faites comme moi, ne rangez pas votre manteau d'hiver : comme le dit Jean Charest, c'est le projet d'une génération. Ce pourrait être la nôtre.

Pour en savoir plus sur le Plan Nord, suivez ce lien : http://plannord.gouv.qc.ca/

Galerie de photos

# Mesurer les odeurs

Que ce soit par l'analyse chimique avec une instrumentation de laboratoire sophistiquée ou par l'olfactométrie c.-à-d. la science de la mesure des odeurs, les problèmes d'odeurs sont souvent mieux réglés en commençant par une caractérisation des odeurs.

L'analyse chimique est faite par chromatographie en phase gazeuse — Spectrométrie de masse. L'olfactométrie est faite par « le nez humain »! Alors que la première méthode se passe en laboratoire, la seconde se passe également en laboratoire, mais avec un groupe de participants qui utilise leur nez comme principal instrument de mesure. Cette dernière méthode est très bien normalisée et documentée également donc fiable.

À ce sujet, une entreprise québécoise, Odotech, fondée par Thierry Pagé, a développé une expertise unique dans la mesure des odeurs.

Un moyen rapide de contrôler les odeurs à l'intérieur de votre bâtiment? Rappelez-vous que celui-ci a normalement été conçu pour avoir les portes fermées! De larges portes ouvertes peuvent être la cause d'odeurs nauséabondes indésirables! Alors, assurez-vous que vos portes (particulièrement les grandes portes comme les portes sur les quais de débarquement, les grands halls d'entrée, etc.) demeurent fermées!

Maintenant, quand vient le temps de traiter les odeurs : les produits enzymatiques ou à base de bactéries comme le BIO-RANET permettent d'éliminer les odeurs. Le principe est comme dans l'image ci-dessous :

Lorsque la solution bioactive est diluée, **les bactéries** s'activent et produisent **des enzymes**.

À l'application du produit dilué, **les enzymes** coupent les matières organiques en composantes plus petites.

Ces composantes sont ensuite digérées par **les bactéries**.

Finalement, la digestion de ces petites composantes produit de l'**eau** et du **gaz carbonique**.

# Comment faire pour avoir l'application Lalema sur votre iPhone

Plusieurs clients nous ont demandé une application pour iPhone. Pourquoi? Afin de pouvoir effectuer leurs demandes de prix, mais aussi pour avoir accès à toute l'information sur les produits incluant les bulletins techniques et les fiches signalétiques.

Le site web mobile, lancé depuis 2011, peut maintenant devenir une application web ou « webapp ». Cette application web est entièrement gratuite et compatible avec toutes les versions de l'iPhone et Android. Voici ce qu'il faut faire :

En faisant une demande de prix sur ce site, nous répondons dans les 24 heures ouvrables. Vous pouvez aussi nous contacter par notre ligne web au 514.645. PRIX (7749) ou par notre ligne sans frais 1.888.645.2753.

Si vous avez testé notre site web mobile, quelles ont été vos impressions? Laissez un commentaire ici ou sur Facebook, Google+ ou Twitter, c'est toujours très apprécié :

# Et si Leonard de Vinci avait eu un iPad?

Quel « app » aurait-il téléchargé en premier? Farmville ou Angry Birds? Quel site web aurait été son premier choix? Google ou Bing? Mais le plus important, est-ce qu'il aurait eu le temps de faire toutes ses inventions et est-ce que la Mona Lisa aurait l'air de ça?

On a tendance de nos jours à croire que la technologie est la solution à nos problèmes. Moi, je la vois plutôt comme un outil qui nous aide à trouver des solutions!

Par exemple, on passe beaucoup de temps à travailler sur un rapport ou une présentation, à lire ou répondre à nos courriels. Mais au bout du compte, pourquoi ne pas se simplifier la vie et revenir à la base et au gros bon sens?

Ça ne veut pas dire qu'il faut éliminer la technologie! Au contraire, si on veut des solutions : il faut l'utiliser. Alors voici comment :

 Suivez-nous sur Facebook

 Regardez nos vidéos favorites sur YouTube

 Joignez-vous à nous sur Linkedin

 Tweetez avec nous sur Twitter

 Visitez notre site web

 Lisez notre blogue chaque semaine

# Trucs de nettoyage, d'hygiène et de salubrité

Ce chapitre est un peu pêle-mêle sur les sujets, mais regroupe tout plein de trucs intéressants.

## Comment choisir une partition de toilettes

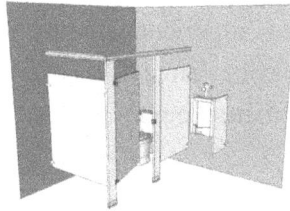

Vous rénovez la salle de toilettes des employés? Vous construisez un nouveau bâtiment? Saviez-vous que le choix d'une partition de toilettes et de ses accessoires vous permettrait d'optimiser le confort et le bien-être des occupants? Voici une analyse de besoins qui vous permettra de ne rien oublier lors de la conception. Quand viendra le temps d'exécuter les travaux, vous serez prêt!

### Une partition de toilettes personnalisée

Les partitions de toilettes Bobrick sont construites sur mesure selon vos spécifications (en respectant certaines plages de dimensions prédéfinies). L'un des prérequis, c'est de laisser suffisamment d'espace pour ouvrir la porte. Quoi de plus fâchant que de ne pas avoir suffisamment d'espaces pour refermer la porte!

### 4 types de partition de toilettes

On retrouve généralement 4 types de partitions de toilettes : ancré au sol avec stabilisateur supérieur, ancré au plancher et au plafond, ancré au sol ou suspendu au plafond :

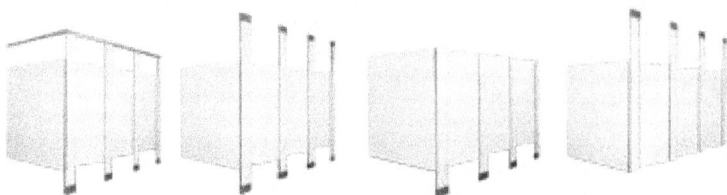

C'est avant tout une question de solidité, mais on considère également l'apparence, la fonctionnalité et la structure en place. Par exemple : une partition ancrée au sol sera moins dispendieuse, alors que celle avec stabilisateur supérieur sera plus robuste et pratique lorsque les plafonds sont plus hauts. On choisira le modèle suspendu au plafond lorsque la structure le permet pour faciliter l'entretien des sols.

La quincaillerie qui accompagne une partition sera en acier chromé ou carrément en acier inoxydable. Il est également possible d'ajouter l'option d'intimité maximale pour une intimité... maximale!

**Configurations multiples**

Pour savoir quelles seront les composantes de votre partition de toilettes, vous devrez connaître la configuration de votre unité :

- Combien de cabines y aura-t-il?
- Quels seront la largeur et le sens d'ouverture des portes?
- Est-ce qu'une cabine doit être conforme aux normes A.D.A pour personnes handicapées ou à mobilité réduite?
- Quelle est la dimension de la salle de toilettes?
- Est-ce que les partitions sont dans un coin, dans une alcôve ou sur un mur ouvert?
- Aurez-vous besoin de séparateurs d'urinoir?

Voilà pourquoi un plan précis des lieux et des dimensions est essentiel.

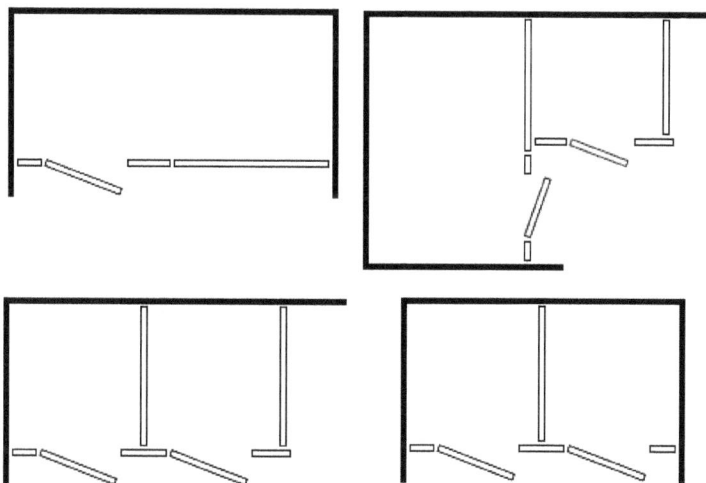

## Des matériaux performants pour partition de toilettes

Le plastique laminé est un matériau de base résistant aux égratignures, aux coups, aux chocs.

Le plastique laminé haute pression (HPL) est un matériau plus résistant et de qualité industrielle offrant un rapport qualité-prix avantageux.

Le plastique composite renforcé est résistant aux égratignures, aux coups, aux chocs et à **l'humidité.**

Le stratifié de résine phénolique solide a la particularité d'être résistant à l'humidité et aux **moisissures.** Ce matériau est essentiel lorsqu'installé dans les salles de douches ou encore là où le taux d'humidité est élevé.

## Des couleurs, plus de couleurs

Voici une pléiade de couleurs standards, mais il existe des dizaines d'autres couleurs sur mesure pour convenir parfaitement à votre design de salles de toilettes. La palette de couleurs peut varier d'un modèle de partition à l'autre. Mais comme on dit parfois, une image vaut 1 000 mots :

## Et les accessoires dans tout ça?

Rénover une salle de toilettes ne doit pas être une tâche déplaisante. Assurez-vous de bien planifier vos besoins et prévoyez les accessoires :

- Barres d'appui;
- Miroirs;
- Crochets;

- Unités murales encastrées combinant poubelle et distributeur de papier;
- Robinets automatiques (économisez jusqu'à 70 % d'eau);
- Savonniers;
- Distributeurs à papier de toilette;
- Distributeurs à papier;
- Séchoirs à mains;
- Plaques protectrices pour bas de porte (kick plate);
- Tables à langer;
- Chasses d'eau automatiques pour toilette ou urinoir;
- Système de maintenance automatique pour toilette ou urinoir;
- Urinoirs sans eau;
- Rafraîchisseurs d'air;
- Distributeurs de couvre-siège de toilette;
- Distributeur pour serviettes hygiéniques/tampons;
- Poubelles pour serviettes hygiéniques;

Distributeurs à assainisseur pour les mains.

Maintenant, c'est à votre tour

Dites-nous si vous avez rénové une salle de toilettes récemment. Comment cela s'est-il passé? Aviez-vous tout ce qu'il vous faut?

Vous rénovez votre salle de toilette bientôt? Appelez-nous pour nous dire vos besoins. On ne fait pas l'installation, mais on livre à votre porte! Bons travaux!

# Comment être prêt pour l'hiver?

Pour moi, le magasinage n'est pas un plaisir, mais presque un supplice. D'ailleurs, j'ai encore de la difficulté à comprendre pourquoi je ne peux pas acheter une tuque au mois de décembre, c'est le stock d'été qui est là! Enfin, vous comprenez sûrement ce que je veux dire.

Ça, c'est pour le commerce au détail. Alors, qu'en est-il des entreprises comme nous qui font du commerce B2B (business to business)?

Et bien, c'est la même chose. Donc à l'approche de l'hiver, voici 3 conseils judicieux qui pourront vous éviter bien des tracas :

- Vos tapis d'entrée
- Votre fondant à glace
- Vos précautions contre la grippe

### Tapis d'entrée
Un agencement adéquat de tapis d'entrée constitue votre première ligne de défense! 15 pieds (4.6 m) linéaires de carpettes performantes empêcheront jusqu'à 85 % de la saleté de se propager sur vos planchers. En plus, vous pourrez économiser gros!

### Fondants à glace
Le risque de chute sur la glace ne doit pas être pris à la légère. Un bon fondant à glace se doit d'aider à réduire le risque. Mais c'est un peu comme les tuques en décembre, n'attendez pas qu'il soit trop tard!

**Précautions contre la grippe**

Le vaccin est un bon moyen de prévention. Mais pour être complet, votre plan d'action doit inclure des produits d'entretien tels masques, gels antiseptiques, gants, etc.

Si vous appliquez ces trois conseils à la fin de l'été, il ne vous restera plus qu'à vous asseoir et attendre la neige!

# Comment choisir un nettoyant-dégraissant

Qu'est-ce qui fait d'un nettoyant un bon dégraissant? Sans faire un cours de chimie, on peut énumérer quelques critères de sélection qui pourront vous aider :

- Certifié Ecologo
- Grande concentration
- Pouvoir nettoyant supérieur
- Fragrance agréable
- Contenant consigné

Et vous, quels sont vos critères lorsque vient le temps de choisir un bon nettoyant dégraissant?

# Comment nettoyer un escalier mécanique?

Nettoyer un escalier mécanique, voilà une tâche qui peut sembler compliquée pour plusieurs. Mais voilà, il existe des équipements spécialisés capables d'offrir une performance inégalée en matière de nettoyage d'escalier mécanique.

### La difficulté de nettoyer un escalier mécanique

Premièrement, un escalier mécanique ça bouge! Dès lors, il est difficile de laver chaque marche. Deuxièmement, les marches d'un escalier mécanique sont pleines de rainures. Oublions les outils de sols traditionnels.

### Comment nettoyer un escalier mécanique

Il faut une machine à plancher spécialement conçue pour permettre de nettoyer dans les rainures et à angles droits pour nettoyer les marches. En se plaçant au bas de l'escalier, on peut alors laisser l'escalier se déplacer et la machine faire son boulot! Succès assuré!

Les étapes sont les suivantes :

- Balayage pour récupérer les gros débris;
- Aspiration à sec avec un aspirateur et un outil de sol adapté;
- Lavage (avec un minimum de solution détergente) avec la machine à plancher;
- Récupération de l'eau avec la machine à plancher également.

**Dans un escalier mécanique : Sécurité avant tout**

Évidemment, la sécurité est essentielle quand vient le temps d'utiliser un escalier mécanique ou d'y travailler.

*Pour l'usager*

- Toujours tenir son enfant par la main
- Toujours tenir la rampe
- Ne pas descendre ou monter par les côtés
- Ne pas circuler en sens inverse de l'escalier mécanique.
- Toujours respecter les consignes

*Pour le travailleur*

- Pour l'entretien mécanique, poser les affiches et bloquer les accès si requis.
- Pour le nettoyage, poser les affiches et bloquer les accès si requis.
- S'assurer d'avoir les qualifications requises et de recevoir la formation appropriée (vérifier auprès de votre employeur).

**La Duplex DP420 et son kit pour escalier mécanique**

Nous offrons ce type d'équipement spécialisé et bien plus encore. La Duplex DP420 et son ensemble pour escalier mécanique pourraient rendre votre escalier mécanique reluisant de propreté.

### Comment faire briller l'acier inoxydable?

Lorsque les marches sont bien propres, vous voudrez peut-être faire briller l'acier inoxydable, vous pouvez prendre l'EKO-INOX, nettoyant pour acier inoxydable!

## Pourquoi utiliser un aspirateur dorsal

Avant toute chose, un **aspirateur dorsal** n'est pas un aspirateur ordinaire avec des bretelles! Un aspirateur dorsal est conçu pour faire les travaux de détail et atteindre les espaces plus difficiles d'accès.

C'est pour cela qu'il faut savoir quand et où utiliser un aspirateur portatif.

### Aspirateur dorsal à batteries rechargeables

Les premières générations d'aspirateurs dorsaux fonctionnaient encore à l'électricité. Toutefois, les modèles à batteries rechargeables sont de plus en plus fréquents.

### Aspirateur dorsal à grande autonomie

Qu'est-ce qu'une grande autonomie? Évidemment, cela varie de l'utilisation qu'on veut faire de l'aspirateur. 45 minutes d'utilisation devraient convenir à la plupart des cas. Si l'utilisation est plus grande, on songera à un aspirateur régulier, plus puissant.

### Aspirateur dorsal à faible niveau sonore

Des niveaux sonores de plus en plus faibles jusqu'à 45 DBA rendent l'utilisation des aspirateurs dorsaux possible même durant les heures ouvrables.

### Aspirateur portatif léger

Porter un grand poids sur ses épaules pendant plusieurs heures peut accroître le risque de blessures. C'est pour cela qu'un aspirateur dorsal léger pesant aussi peut que 16 lb (7.25 kg) est préférable. De petites pauses régulières sont également les bienvenues!

### Aspirateur à filtration HEPA

Pour ne rien laisser derrière, rechercher les filtres HEPA qui retiennent 99.97 % des particules à 0.3 micron.

Pourquoi est-ce que je vous parle de tout ça? Parce qu'un tel produit existe!

# Dites adieu au maïs éclaté grâce au balai mécanique

Je ne sais pas si vous êtes comme moi, mais à chaque fois que je vais au cinéma. Je choisis toujours la rangée que le préposé n'a pas eu le temps de nettoyer : verres, papiers de chocolat et morceaux de maïs soufflé jonchent le sol... Mais voilà que nous avons peut-être la solution à ce problème.

### Balai mécanique idéal pour les cinémas

Alors, pourquoi ne pas équiper vos salles de cinéma d'un balai mécanique à brosses rotatives pour cinéma Haaga conçu pour nettoyer les rangées autant que sous les sièges?

### Ramasse les petits débris

Grâce à sa conception allemande unique, les balais Haaga ramassent toutes les saletés directement à l'avant du balai.

### Ramasse les gros débris aussi

Sans grande surprise, un concept aussi efficace permet également aux balais Haaga de ramasser les plus gros débris tels les bouteilles, verres, petits sacs, etc. directement à l'avant du balai.

### Opération manuelle ou assistée

Plusieurs modèles sont aussi conçus pour les entrepôts et les grands espaces de stationnements intérieurs ou extérieurs et fonctionnent à pile (90 minutes d'autonomie) ou par poussée manuelle.

# Les cônes de sécurité envahissent nos arénas

Les cônes de sécurité envahissent les arénas du Québec. La raison est bien simple, c'est pour assurer la sécurité et favoriser le développement de nos futurs champions olympiques.

### Les cônes de sécurité : une obligation pour tous les clubs de patinage artistique

Saviez-vous que depuis 2013, tous les clubs de patinage artistique faisant partie de la Fédération de patinage artistique du Québec ont mis en place un programme structuré d'entraînement qui nécessitera l'utilisation de cônes afin de préparer des parcours et assurer la délimitation des zones d'entraînement?

Pour établir les circuits d'entraînement ou définir le long de la bande la zone d'accélération haute vitesse, c'est un virage qui va accroître les compétences des athlètes en assurant une meilleure protection.

## L'entraînement au cœur de la réussite

Bien que le talent naturel compte pour beaucoup, comme dans toute chose, l'entraînement demeure avant tout la clé du succès.

Comment un cône de trafic ou un cône de signalisation fera-t-il une différence? Il faut que ce cône possède des caractéristiques telles une couleur voyante, une résistance aux grands froids, une excellente robustesse aux chocs et une stabilité hors pair! Ça ressemble aux caractéristiques d'un patineur ou d'une patineuse non?

## Athlètes un jour, athlètes toujours

En septembre 2012, David-Alexandre Paradis et Émilie Bourassa, des Clubs de patinage artistique (CPA) Chambly et Brossard, ont terminé au 1er rang à la compétition Souvenir Georges-Éthier.

Voici un exemple de travail acharné où semaine après semaine, les athlètes s'entraînent et travaillent fort pour finalement obtenir la première place.

Nous les félicitons et nous leurs souhaitons un parcours parfait!

# Comment éviter le glouglou

Qu'est-ce que le *glouglou*? Le *glouglou* n'est pas un mammifère rongeur d'Australie. C'est le principe par lequel l'utilisateur verse le produit nettoyant dans une chaudière sans tenir compte du ratio de dilution recommandé par le manufacturier.

Je crois qu'il est toujours important de lire l'étiquette d'un **produit nettoyant**. Si celui-ci est utilisé dans le cadre du travail, il convient de consulter la **fiche signalétique**.

À cet égard, il est approprié de mettre en place un processus de formation afin que le personnel maîtrise le mode d'emploi et comprenne le rôle ainsi que le dosage des produits mis à leur disposition afin d'éviter :

- Les dommages causés aux finis architecturaux lors d'une mauvaise utilisation de produits;
- Les effets toxiques (santé du travailleur) suite à une mauvaise dilution ou à un mauvais usage;
- Les effets corrosifs sur les surfaces découlant d'un surdosage ou d'une mauvaise utilisation;
- La surcharge de travail qui en résulte, étant donné qu'un produit mal utilisé et mal dosé est moins efficace.

Enfin, précisons que souvent les étiquettes du lieu de travail ne respectent pas toujours les règlements du SIMDUT, soit par leur absence, soit par le fait qu'elles soient mal complétées ou encore endommagées.

Astuce : Lors du mélange des nettoyants, ajoutez le concentré à l'eau, la quantité de mousse causée par le concentré sera minimisée!

J'allais oublier : vous pouvez également utiliser des systèmes de dilution automatiques! Fini les erreurs! Fini les dégâts!

# 5 produits sanitaires efficaces qui ont un petit quelque chose d'unique

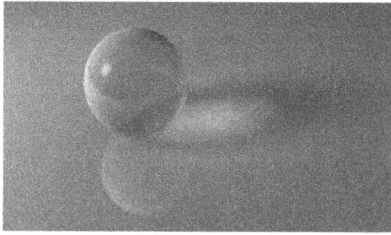

Parmi nos produits nettoyants spécialement conçus pour les milieux industriels et institutionnels, il existe des perles rares. Dans cette section, je vous présente quelques-uns de ces produits.

### Détergents à lessive sans parfum

Dans un souci de réduire les risques d'allergie aux parfums, le SPIN est un détergent à lessive pour laveuse ordinaire ou frontale qui ne contient pas de parfum, mais qui garde toute son efficacité.

## Dégraissant industriel avec solvant naturel

Pour les très gros travaux de l'industrie lourde ou les bassins de trempage pour le dégraissage de pièces, un nettoyant à base de solvant naturel comme le POLYKLEEN est meilleur pour l'environnement.

## Nettoyant décapant à faible odeur

Les travaux de grands ménages ça vous dit quelque chose? Quand vient le temps de récurer en profondeur un plancher, un décapant à faible odeur comme le COBRA peut s'avérer nécessaire si l'absence de ventilation est un obstacle ou si la clientèle n'est pas loin.

## Nettoyant pour acier inoxydable écologique

En petit ou grand format (pour le remplissage des petites bouteilles), pour nettoyer son BBQ en acier inoxydable, ses accessoires de cuisine, une porte d'ascenseur ou les parois d'un escalier mécanique, l'EKO-INOX est une solution écologique de nettoyant pour acier inoxydable certifié ECOLOGO.

### Purificateur d'air non-aérosol

À l'écoute de vos attentes, un produit purificateur d'air qui désodorise l'air au frais et doux parfum de fruits des champs et qui n'est pas en aérosol : le BERMAX apporte une odeur agréable là où ça sent mauvais!

# Autorécureuse : La solution à bien des maux!

On l'appelle souvent une zamboni, une autolaveuse, une autorécureuse.

Peu importe comment vous me nommez, ma description et mes fonctions demeurent les mêmes.

L'autolaveuse ou l'autorécureuse est un équipement servant à l'entretien quotidien ou occasionnel des surfaces de sol.

Elle peut être à fil ou à pile, avec conduite debout ou autoportée.

Voici en quoi une autolaveuse peut vous aider :

- La mécanisation (autolaveuse, polisseuse, extracteur à tapis, etc.) est souvent un atout qui permet

- o d'une part d'augmenter la qualité des résultats des prestations
- o d'autre part d'augmenter la productivité (plus de tâches peuvent être réalisées).
- • Considérer d'autres avantages :
  - o Réduction du risque de chute (plancher mouillé)
  - o Réduction de la fatigue et du risque d'accident chez le travailleur

**Image rehaussée de votre établissement**

On peut équiper une autolaveuse d'un tampon 3M ou d'une brosse. La surface de travail est variable et dépend de la dimension de l'autorécureuse. Certaines machines peuvent utiliser différentes largeurs de tampons. L'avantage de l'autolaveuse est de toujours laver avec une solution propre et d'aspirer l'eau souillée à mesure que l'appareil avance, ce qui diminue le risque de chute. En plus de l'action chimique de la solution nettoyante, l'autorécureuse apporte une action mécanique importante visant à récurer la saleté sur la surface du sol. On utilisera généralement les tampons 3M de très grande qualité pour obtenir d'excellents résultats.

En tout cas, ne cherchez pas de zamboni chez nous, ça c'est pour nettoyer la glace! Nous, on l'a fait fondre avec un fondant à glace écologique : l'IMPACT!

# 1, 2,3... HEPA!

**Un filtre HEPA est un filtre à très haute efficacité**

Selon son grade, un filtre HEPA enlèvera au moins 99.97 % des particules dans l'air à un diamètre de 0.3 micromètre.

**Entretien des sols**

Dans l'industrie de l'entretien ménager ou du nettoyage industriel et commercial, on retrouve ce type de filtre dans les aspirateurs. Certains modèles d'aspirateur conçus pour les matières dangereuses retiendront au moins 99.997 % des particules dans l'air à un diamètre de 0.3 micromètre.

**Séchoir à mains**

Même certains séchoirs à mains offrent une filtration HEPA pour réduire les bactéries dans l'air. On ne voudrait contaminer nos mains toutes nettes!

**Milieu hospitalier**

En milieu hospitalier, des masques peuvent également être HEPA et protéger contre la tuberculose (une maladie transmissible par voie aérienne).

**Avions et automobiles**

Plusieurs modèles de voiture ont des filtres HEPA (Toyota, Honda, Hyundai et bien d'autres).

Dans les avions, l'air est filtré à l'aide de filtre HEPA.

**Un micromètre, c'est gros comment?**
- Le chas d'une aiguille : 1000 micromètres
- Le sable fin : 100 à 2000 micromètres
- Le diamètre d'un cheveu : 70 à 100 micromètres
- La poudre de talc : 10 à 30 micromètres
- Limite de visibilité à l'œil nu : 40 micromètres
- Une bactérie : 0.5 à 20 micromètres
- La fumée de cigarette : 0.1 à 1 micromètre

**Faits intéressants**

Saviez-vous que les premiers filtres HEPA ont été développés dans les années 40 dans le cadre du projet Manhattan pour filtrer les contaminants radioactifs?

**Et vous, est-ce que votre aspirateur est HEPA?**

# La santé au bout de vos doigts

Depuis la pandémie de H1N1 en 2009, on n'a jamais autant insisté sur le lavage des mains! Il existe cependant une source de contamination bien réelle et souvent négligée : les chiffons d'atelier réutilisables.

*Une étude réalisée en 2003 et 2011 par la firme Gradient pour le compte de Kimberly Clark a démontré que l'utilisation de chiffons d'atelier réutilisables peut augmenter l'exposition du travailleur à plusieurs métaux lourds (plomb, cuivre, cobalt, cadmium, béryllium) jusqu'à 3 500 fois au dessus de la norme de toxicité\*.*

Même si l'échantillonnage est faible, la présence de contaminants a été détectée dans 100 % des échantillons. Le seul fait que des chiffons fraîchement lavés contiennent encore des contaminants peut soulever des questionnements.

## Quelles sont les solutions possibles?

- Donner de la formation aux travailleurs (par exemple : ne pas manger sur les lieux de travail ou ne pas s'essuyer le visage avec des chiffons d'atelier).
- Déterminer votre niveau d'acceptabilité du risque. (Est-ce que vous travaillez dans l'industrie alimentaire, pharmaceutique ou automobile?)
- Utiliser des chiffons d'atelier jetables
  - Procéder à une analyse comparative du coût (vous pourriez être étonné!)

o   Obtenir une performance accrue

o   Choisir le maximum de contenu recyclé

# Appliquez la bonne quantité de fini à plancher

Il arrive souvent au retour des vacances que le grand ménage n'est pas terminé et vous devez encore appliquer quelques couches de fini à plancher avant la rencontre de parents ou la visite de votre établissement par le sous-ministre ou le PDG.

Comme disait le célèbre Douglas Adams : « PAS DE PANIQUE! » Voici donc une charte pour trouver la quantité de finis à plancher dont vous aurez besoin. Pas combien de temps! Combien de Litres!

Je vous donne aussi quelques conversions utiles :

- 4.55 L = 1 gallon impérial
- 3.78 L = 1 gallon américain
- 1 mètre carré = 10.76 pieds carrés.

Charte d'application des finis à plancher

Pour 100 mètres carrés

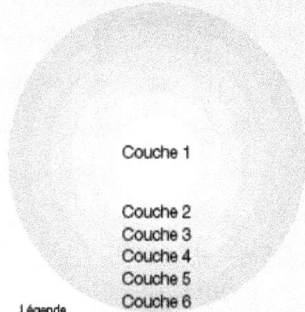

Couche 1

Couche 2
Couche 3
Couche 4
Couche 5
Couche 6

Légende
☐ 1-3 L  ☐ 3-4 L  ☐ 4-5 L   Ajouter 1 à 2 L
☐ 5-6 L  ☐ 6-7 L  ☐ 7-8 L   pour chaque
                             couche supplémentaire.

Pour 500 mètres carrés

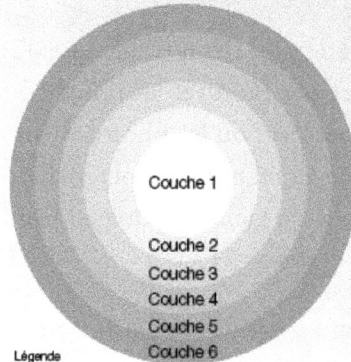

Couche 1

Couche 2
Couche 3
Couche 4
Couche 5
Couche 6

Légende
☐ 5-10 L  ☐ 10-15 L  ☐ 15-20 L   Ajouter 5 à 10 L
☐ 20-25 L ☐ 25-30 L  ☐ 30-35 L   pour chaque
                                  couche supplémentaire.

Pour 1000 mètres carrés

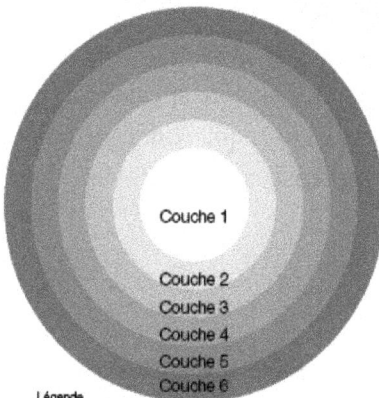

Couche 1

Couche 2
Couche 3
Couche 4
Couche 5
Couche 6

Légende
☐ 15-20 L  ☐ 20-30 L  ☐ 30-40 L   Ajouter 10 à 15 L
☐ 40-50 L  ☐ 50-60 L  ☐ 60-70 L   pour chaque
                                  couche supplémentaire.

Lalema
Redéfinir l'hygiène - Rethink hygiene

Avec cette charte, plus de souci! Vous aurez toujours la bonne quantité de fini à plancher. Évidemment, il s'agit d'estimation, les quantités peuvent varier selon votre équipement et la méthodologie employée pour l'application.

Bon grand ménage!

# Comment nettoyer votre iPad

Quoi de plus désagréable que d'arriver à chez un client ou chez ma mère pour montrer les photos du dernier modèle de chariot Rubbermaid ou les photos de mes enfants à leur compétition de gymnastique pour m'apercevoir que la vitre de mon iPad est vraiment remplie de taches de doigts! Je crois que j'ai enfin trouvé une, non, LA solution.

Fallait y penser : un chiffon microfibre de qualité spécialement conçu pour les vitres et miroirs. Aucun nettoyant requis, un léger polissage à sec avant de sortir de l'auto ou de l'ascenseur et HOP! Voilà le travail!

# Comment faire briller l'acier inoxydable

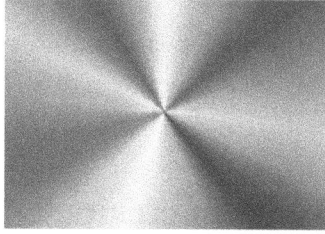

Les appareils de cuisine sont souvent en acier inoxydable. Comment les faire briller? Nettoyer l'acier inoxydable n'est pas sorcier avec l'EKO-INOX :

**Nettoyant pour acier inoxydable**

- Certifié Ecologo.
- Contenant non-aérosol (encore meilleur pour l'environnement)
- Accepté dans les usines de transformation des aliments par l'ACIA (toujours respecter les directives de l'étiquette)
- Un petit secret : ça fait des merveilles sur la surface extérieure des BBQ.

# Laver, laver, laver la vaisselle

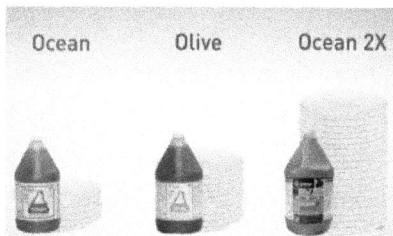

Dans votre cuisine commerciale, la vaisselle doit être impeccable. Vous pouvez maintenant opter pour des nettoyants écologiques pour vaisselle pour le lavage manuel.

Nos tests en laboratoire ont démontré qu'il pouvait être jusqu'à 4X plus performant que la formule originale!

« — Nous réalisons que ce que nous accomplissons n'est qu'une goutte dans l'océan. Mais si cette goutte n'existait pas dans l'océan, elle manquerait ». Mère Teresa.

## Comment rendre votre cuisine commerciale ou institutionnelle plus efficace

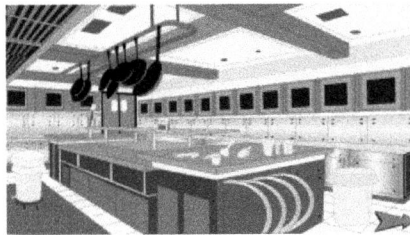

Si vous œuvrez dans le milieu de la restauration ou travaillez dans une cuisine commerciale ou institutionnelle, vous savez combien le temps est important.

Chaque petit geste compte. En conséquence, des instruments performants peuvent faire gagner à chaque membre du personnel un temps précieux.

L'industrie canadienne des services de restauration compte pour quatre pour cent du produit intérieur brut du Canada et consomme à elle seule plus de 2,1 pétajoules annuellement pour la préparation des aliments et les travaux d'assainissement dans les établissements de restauration. On dénombre au Canada environ 63 000 restaurants, qui engendrent des ventes annuelles se chiffrant à environ 124 millions de dollars sur le marché de l'équipement des services de restauration en 2004.

En plus des équipements électriques, pour vous aider dans votre démarche d'efficience et d'efficacité, voici des éléments à considérer :

**Aire de préparation des aliments**
Commençons par l'aire de préparation des aliments. Celle-ci doit comporter des instruments de mesure tels des tasses, des cuillères et des spatules. Pour la préparation de grandes quantités de légumes, des conteneurs à légumes avec drain ou des contenants à glace sont aussi un atout de taille.

Pour la mesure, des minuteurs vous permettront de mieux contrôler le temps à chaque étape de préparation.

De plus, afin de prévenir les risques de chutes et de réduire la fatigue, avez-vous déjà pensé à un tapis ergonomique résistant aux graisses?

**Aire d'entreposage des aliments**
Pour y accéder, vous n'aurez qu'à cliquer sur la flèche rouge en bas à droite. Votre salle d'entreposage contiendra vos aliments bien rangés et vos palettes en plastique (gare aux palettes de bois)!

Pour les bacs à ingrédients secs ou les étagères de rangement facilitant le transport alimentaire, vous pourrez les empiler et profiter de systèmes de « premier entré — premier sorti » et de pelles réduisant le risque de contamination croisée des aliments.

Alors, que mange-ton pour souper?

# Gare aux palettes de bois

Imaginez que nous entrons dans votre bel entrepôt d'aliments, tout plein d'ingrédients frais du marché ou encore d'ingrédients secs (céréales, farines ou autres). Maintenant, imaginez que vous voyez ceci :

Bien que le bois soit une composante essentielle dans le transport et la manutention des marchandises alimentaires, une fois dans votre salle d'entreposage, une palette en plastique présente bien des avantages :

- Durabilité
- Surface facilement lavable
- Robustesse

Faite de votre cuisine, un environnement où la salubrité n'aura d'égale que vos talents culinaires!

# Témoignages, réalisations, causes et distinctions

## Une journée au soleil chez Lalema

Le 30 mai 2013, nous avons organisé une journée exposition à notre siège social (Lalema), au 11450 rue Sherbrooke Est. Le but de cet événement était de passer une journée de détente avec nos clients et de leur permettre de rencontrer notre équipe, mais aussi de leur permettre de découvrir les produits de nos principaux manufacturiers à travers des démonstrations et différentes activités.

### La journée exposition
Durant la journée, les visiteurs ont pu faire le tour de différents chapiteaux où étaient présents 10 de nos fournisseurs. Des hamburgers et des rafraîchissements étaient offerts, et tout le monde a pu profiter d'une ambiance conviviale ainsi que du beau temps! De plus, des tirages ont permis aux chanceux de partir avec des échantillons ou avec des coupons cadeaux. C'était la première fois que Lalema organisait un événement de ce genre et nous avons eu plus de 100 visiteurs!

### Merci à tous!
Nous aimerions remercier tous ceux qui sont venus passer cette magnifique journée avec nous, ainsi que nos fournisseurs pour leur présence et animation! Aussi, un gros merci à Manon Landry, notre directrice au développement des marchés, pour avoir permis la

réalisation de cette journée. Manon a été responsable de l'organisation et grâce à ses qualités organisationnelles et de coordination l'événement a été un vrai succès!

Les photos de la journée sont sur notre page Facebook!

## Des sourires chez Lalema (les grands gagnants de la journée exposition)

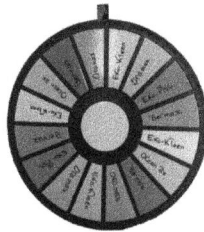

Plusieurs clients ont gagné des prix de présence. Voici donc la liste des gagnants et leur prix :

Madame Vanessa Durocher-Granger de l'Institut de cardiologie de Montréal a remporté un coupon cadeau de 100 $ à la SAQ. À l'approche de l'été, ça va être bon!

Dans l'ordre habituel, madame Vanessa Durocher-Granger et madame Manon Landry

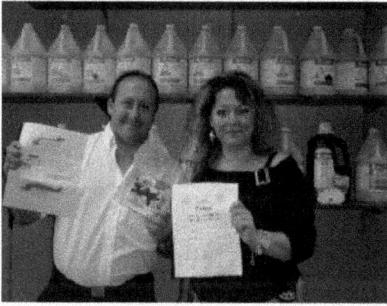

Monsieur Robert Lalonde du Sextant a remporté un prix de 300 $ à La Forfaiterie. Il pourra choisir un forfait parmi plus de 1500 choix disponibles sur leur site.

Dans l'ordre habituel, monsieur Robert Lalonde et madame Manon Landry

Monsieur Roch Isabelle de l'Institut de cardiologie de Montréal a gagné le prix de 200 $ échangeable dans un SPA de son choix.

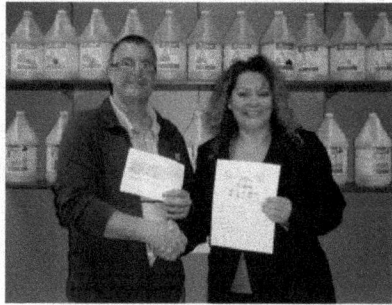

Dans l'ordre habituel, monsieur Roch Isabelle et madame Manon Landry

Messieurs Pierre Vandal, Gardaworld et Mario Alvarez, Désinfectour feront le plein chez Esso avec leur certificat de 25 $.

Dans l'ordre habituel, monsieur Mario Alvarez et madame Manon Landry

Toutes nos félicitations!

# Une expérience en tandem à couper le souffle!

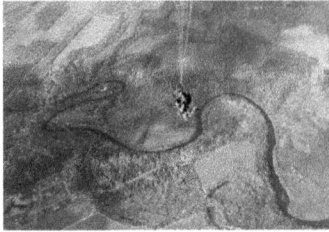

### Expérience ultime

C'est le 13 octobre 2012 que 3 employées de Lalema (Isabelle R., Danaé et Frédérique) ont décidé d'effectuer un saut en tandem à l'école Voltige, l'expérience ultime! Il va s'en dire que ça prend du courage et de la détermination, comme en témoigne cette magnifique image prise lors du saut de Frédérique.

### Expérience client

Nous désirons vous offrir une expérience client exceptionnelle. C'est-à-dire une expérience inoubliable, mais surtout une expérience sécuritaire où vous arriverez sain et sauf à destination.

Nous sommes aussi un peu comme l'instructeur de parachute : nous pouvons vous accueillir, vous conseiller et vous guider. En cas de pépin, nous sommes là pour corriger le tir.

### Expérience renouvelée

Alors, en attendant d'y retourner (je ferai également partie du groupe cette fois-là!), nous vous remercions de faire affaire avec nous!

# Les Services Ménagers Roy ont récemment renouvelé leur certification ISO 14001

**La norme ISO 14001**

La norme ISO 14001 repose sur le principe d'amélioration continue de la performance environnementale, et ce, par la maîtrise des impacts liés aux activités de l'entreprise. Plus spécifiquement, la norme encourage les entreprises à planifier et à revoir leurs objectifs en fonction d'une perspective de développement durable.

Les Services Ménagers Roy ont amorcé un virage vert en 2003, visant alors à diminuer l'impact environnemental de leurs produits d'entretien. L'utilisation de produits écologiques n'étant que la première étape d'un fonctionnement plus responsable envers l'environnement, de nouvelles méthodes de travail, la création d'un département de recherche et une nouvelle orientation de développement pour l'entreprise ont permis au géant de l'entretien ménager d'obtenir leur certification ISO 14001:2004 en 2011. Depuis, l'entreprise est fière de renouveler annuellement cette certification avec succès.

**Qu'est-ce qui a permis ce résultat?**

Les méthodes de travail ont été revues et repensées en fonction de l'environnement. Des produits plus concentrés ont permis la réduction de 50 % des livraisons sur les contrats. Aussi, des contenants plus grands et réutilisables limitent considérablement la quantité de matières résiduelles. En plus d'être peu nocifs pour l'environnement, tous les produits employés par Les Services Ménagers Roy sont utilisés avec de l'eau froide, ce qui permet d'économiser 7 800 000 litres d'eau chaude chaque année. Un plan de renouvellement de la flotte de véhicules est aussi en cours, et vise à réduire les gaz à effet de serre avec des véhicules à basse consommation d'essence.

**Chaque geste compte**

Pour préserver l'environnement, chaque geste compte et le renouvellement de la certification ISO 14001 confirme que Les Services Ménagers Roy font de l'amélioration responsable leur pain quotidien. Madame Julie Roy, vice-présidente à la direction, est fière des résultats obtenus et se dit très contente de l'engagement des employés dans cette démarche. « De plus, » dit-elle « Nos efforts permettent un milieu de travail plus sain pour nos employés ainsi que pour les 425 000 usagers de nos clients chaque jour. »

# Prix Pinacle pour Signature service d'entretien!

En occasion du gala des prix BOMA 2013-2014 qui a eu lieu le 30 mai 2013, Signature service d'entretien a obtenu un prix Service Exceptionnel dans la catégorie Pinacle pour son engagement en matière de service à la clientèle.

**Qu'est-ce que c'est le prix pinacle?**

Les Prix Pinacle, offerts par l'Association des propriétaires et administrateurs d'immeubles du Québec (BOMA), reconnaissent l'importance de l'excellence en matière de service à la clientèle dans l'industrie de l'entretien ménager dans trois catégories : Service à la clientèle, Innovation et Service exceptionnel.

Pour qu'une entreprise soit reconnue comme offrant un service à la clientèle hors pair, elle doit avant tout démontrer de la constance, de la créativité, de l'intégrité et s'appliquer quasi religieusement pour que tout soit parfait.

### Le gala des prix BOMA

Le concours des prix BOMA est le programme le plus prestigieux et le plus complet de son genre dans l'industrie de l'immobilier commercial. Il est organisé deux fois par an et vise à reconnaître l'excellence autant des immeubles que des individus et des entreprises qui se sont démarqués au sein de l'industrie de l'immobilier commercial au Québec.

### À propos de Signature service d'entretien

Fondée en 1983, Signature compte plus de 500 employés dont l'engagement est d'offrir à ses clients des services de première qualité avec son programme Synergie.

Félicitations à Signature pour ce résultat!

# Les employés de Signature Service d'entretien connaissent la musique!

Des passionnés de musique assurent l'entretien ménager des locaux de la maison symphonique qui abrite l'Orchestre symphonique de

Montréal (OSM). Depuis 2011, l'entreprise montréalaise Signature Service d'entretien veille sur la propreté et la salubrité des locaux en plus de fournir la grande majorité du personnel de soutien aux événements à SNC-Lavalin O & M, gestionnaire de l'immeuble.

Le 7 septembre 2011 n'a pas été un jour comme les autres pour l'entreprise d'entretien ménager! « Avoir la chance d'être le partenaire de SNC-Lavalin O & M pour cette journée historique fut pour nous un privilège », explique Robert Barbeau, président et propriétaire de l'entreprise.

« La réussite de notre mandat repose sur l'engagement de toute l'équipe », renchérit Jacques Marion, vice-président des opérations de Signature service d'entretien. C'est que, chez Signature, on s'engage à offrir un service de qualité effectué par une équipe dévouée à tous ses clients. « Dans le cas du site de la maison symphonique, nous sommes parties prenantes des événements, car en plus de l'entretien ménager, nous fournissons du personnel à titre de préposés aux bars et aux vestiaires et même des placiers! »

Il importait aussi de pouvoir soutenir le consortium de la salle symphonique en utilisant des produits écologiques. « L'immeuble a obtenu la certification LEED. Nous portons une attention particulière au choix des produits d'entretien, qui doivent avoir une empreinte écologique minime, mais aussi à nos méthodes de travail pour réduire le plus possible les matières résiduelles, l'utilisation de l'eau, etc. », soutient M. Marion. Le fournisseur officiel de ces produits écologiques est Lalema inc., une autre entreprise montréalaise.

La passion de la propreté et du service à la clientèle de qualité anime les équipes de Signature service d'entretien et sa direction. Les préposés ont toutefois une motivation supplémentaire : « La majorité de nos employés à la salle symphonique sont des étudiants au Conservatoire de musique qui en profitent pour travailler dans un environnement musical. Le fait de côtoyer des musiciens professionnels de façon presque quotidienne est pour eux une grande source de stimulation », ajoute Jacques Marion. « Ils ont assurément le cœur à l'ouvrage! », conclut-il en riant.

Signature Service d'entretien offre des services d'entretien ménager d'établissement, comprenant le nettoyage à la vapeur des revêtements de sol, le lavage des murs et plafonds, lavage à la pression, lavage de vitres et stores, remise en état de planchers et consultation en entretien ménager. Dirigée depuis 1983 par un propriétaire unique, Signature Service d'entretien sert une clientèle dans l'immobilier commercial, les centres commerciaux et commerces, le domaine médical et biotechnologique ainsi que les établissements scolaires et des industries lourdes.

## Une bonne équipe d'entretien et une bonne action sociale? C'est par ici!

Le Sextant est une entreprise adaptée embauchant des personnes handicapées, convaincue que l'intégration n'est pas une difficulté, mais une force qui éveille les potentiels.

L'entreprise embauche 350 personnes, en majorité handicapée, et offre des services d'entretien ménager commercial, institutionnel et industriel certifiés ISO 9001-2008. Les clients du Sextant choisissent souvent l'entreprise afin de poser un geste de solidarité sociale et sont impressionnés par la qualité des services reçus. Parmi la clientèle, on compte la Régie des installations olympiques, le Biodôme, le Musée d'art contemporain et plusieurs autres.

L'engagement du Sextant est aussi environnemental : en choisissant les produits écologiques de Lalema, d'abord, mais aussi en réduisant à la source la quantité de contenants, par l'achat de grands formats et de produits concentrés. Sur le site Internet de l'entreprise, on peut lire qu'en 2005, l'utilisation de produits concentrés a permis d'éviter de mettre 600 bidons de plastique à la récupération.

Lalema salue l'engagement social et écologique de l'entreprise d'entretien ménager Le Sextant!

# Journée provinciale en hygiène et salubrité

Le 13 octobre 2011 se tenait la première journée provinciale Hygiène et Salubrité dans les établissements de soins de santé au Québec. L'Institut Philippe-Pinel de Montréal faisait partie des établissements participants à cette journée.

Cette journée est vouée à la promotion et à la reconnaissance d'un service essentiel qui joue un rôle important au niveau de la prévention des infections nosocomiales en plus d'offrir à tous un milieu de vie sain et agréable.

Souvent méconnus des départements de soins et du public en général, les services d'hygiène offrent pourtant des prestations cruciales dans le fonctionnement d'un établissement de santé. Par exemple : les désinfections terminales, les désinfections quotidiennes des salles de bains, la salubrité des salles à manger et l'entretien périodique tels le polissage des planchers ou les travaux de grand ménage sont autant d'actes qui ont un impact direct sur la réduction du risque infectieux et de la propreté de vos lieux de travail ou de soins.

# La clé du succès : c'est la communication

L'Institut Universitaire de gériatrie de Montréal a reçu une mention d'honneur dans le cadre de la remise des prix d'excellence du Réseau de la santé et des services sociaux 2011. Découvrez comment.

Vous connaissez ces maladies qu'on attrape à l'hôpital ou dans les centres d'hébergement de soins de longues durées : les infections nosocomiales? C'est une problématique majeure dans notre système de santé. Avec les années, les experts de réseau de la santé au Québec ont entre autres amélioré les techniques de nettoyage et de désinfection, développé un programme de formation professionnelle reconnu par le Ministère de l'Éducation et mis en œuvre des formations pour tous les préposés à l'hygiène et la salubrité. Ces étapes sont essentielles à la réduction du risque de transmission des maladies infectieuses.

Parallèlement, le personnel de soins infirmiers a également travaillé d'arrache-pied dans des conditions parfois tout aussi difficiles pour améliorer les processus de désinfection des petits équipements, de nettoyage des mains, etc.

Mais, dans tout ça, la communication est la clé du succès. C'est ce qu'a compris Jean-François Champagne de l'Institut Universitaire de gériatrie de Montréal, lorsqu'il décida de se doter d'un outil qui simplifie les communications entre le personnel de soins infirmiers et les préposés à l'hygiène et salubrité.

Pour bien comprendre : l'étape cruciale lors du départ d'un patient, c'est la désinfection terminale. Si le client est porteur d'une bactérie telle le C. Difficile, le SARM ou l'ERV par exemple, la technique de désinfection et la planification des ressources seront différentes.

L'outil développé pour l'IUGM se nomme Sanix. C'est un système de gestion de la salubrité accessible aux établissements de santé du Québec. Le logiciel est pourvu d'une interface graphique qui permet à l'infirmière de voir le plan de son étage et, en six clics ou moins, de signaler son besoin de désinfection à l'équipe d'hygiène et salubrité. Les préposés à l'hygiène et salubrité sont alors informés, tandis que les gestionnaires en prévention des infections ont accès à un historique complet. Imaginez la paperasse éliminée, la rapidité des communications et la tranquillité d'esprit de savoir que la demande ne reste pas prise dans une boîte vocale!

Déjà plus d'une trentaine d'établissements ont démontré un intérêt pour cet outil.

Alors en mon nom personnel et au nom de Lalema, nous tenons à féliciter monsieur Champagne et son équipe pour la réalisation de ce projet.

# La Fondation Jean Lapointe pour la prévention chez les jeunes en milieu scolaire

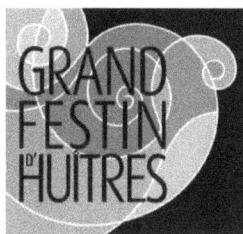

**Fondation Jean-Lapointe**

Depuis plus de six ans, M. Jean-Yves Roy, président des Services Ménagers Roy, est membre du Conseil d'administration de la Fondation Jean Lapointe.

La Fondation a pour but d'aider au financement des activités de La Maison Jean Lapointe qui, depuis sa création en 1982, offre du soutien et des traitements aux personnes alcooliques et toxicomanes. Depuis 2007, la Fondation réunit ses efforts dans la prévention chez les jeunes en milieu scolaire. En particulier, un tout nouveau programme vise à sensibiliser les étudiants du secondaire I aux problèmes liés à la dépendance à l'alcool, aux drogues et aux jeux de hasard.

M. Roy est fier de pouvoir contribuer à cette cause : « J'ai vu les effets positifs sur les gens qui ont réussi à s'en sont sortir. Il est difficile de se soigner de toute dépendance, mais c'est tout à fait possible. » Avec le nouveau programme de prévention de la Fondation, les jeunes du Québec seront informés sur les risques reliés à la consommation d'alcool et des drogues, sur leurs effets potentiels, ainsi que sur les signes qui indiquent des problèmes de comportement. « Avec la prévention, on veut rendre les jeunes attentifs aux cas de dépendance avant que ça les touche. Nous renseignons les jeunes sur les différentes possibilités qu'ils ont et nous les aidons à garder leur indépendance », ajoute M. Roy.

Le Grand Festin d'huître**s**

Cet événement représente une opportunité pour soutenir le programme de sensibilisation de la Fondation, ainsi que pour faire des rencontres d'affaires profitables. En 2011, la participation de plus de 900 personnes du milieu des affaires a permis de recueillir 317 359 $ et de rejoindre plus de 30 000 jeunes avec le programme de sensibilisation. Le but de cette année est de recueillir 350 000 $ pour pouvoir rejoindre jusqu'à 40 000 étudiants.

*« Au menu, huîtres à volonté et plaisir garanti! »*

Visitez http://festindhuitres.fondationjeanlapointe.org/ pour plus d'informations sur l'événement!

# Le triathlon d'hiver de la fondation CHU Ste-Justine

Notre client, le Groupe SMR, est très impliqué dans les activités de collecte de fonds du Centre hospitalier universitaire Sainte-Justine à Montréal. Sa vice-présidente à la direction, M^me Julie Roy, fait partie depuis trois ans du Cercle des Jeunes Leaders de la Fondation CHU Sainte-Justine et assume la coprésidence du triathlon d'hiver pour une première fois en 2012.

Depuis 2009, le Groupe SMR est représenté par des membres de son personnel à ce triathlon et figure à tout coup au tableau d'honneur des dons amassés au défi Pierre Boivin du même événement.

Le CHU Sainte-Justine est le quatrième plus grand centre de pédiatrie en Amérique du Nord et un leader dans le monde en recherche infantile, notamment au niveau des maladies du cerveau. C'est une chance unique d'avoir un établissement de cette envergure dans notre région! D'ailleurs, M^me Roy parle avec enthousiasme de la cause précise que soutiendra le triathlon d'hiver pour les années 2012-2015 :

*« Les fonds amassés serviront à financer les laboratoires de neurosciences du Centre de recherche du CHU Sainte-Justine du Dr Rouleau. Ce dernier a présentement ses locaux dans l'actuel CHUM et c'est le CHU Sainte-Justine qui aura l'immense honneur de lui en fournir d'autres, à proximité de ses petits enfants malades, afin que le département puisse poursuivre ses recherches avec eux.*

*Dr Rouleau est un chercheur d'envergure internationale, rien de moins que nobélisable compte tenu des découvertes qu'il a déjà faites en identifiant de nombreux gènes responsables de maladies neurologiques et psychiatriques. Par ailleurs, il continue de faire avancer ses recherches à un rythme effarant afin de mieux traiter des maladies telles que l'autisme, le syndrome de la Tourette ou même la déficience intellectuelle. »*

En courant pour la cause du CHU Sainte-Justine, c'est à tous les petits Québécois que les participants donneront la possibilité d'une vie meilleure! Dans un contexte de concurrence mondiale, où nos grands chercheurs sont sollicités de partout, un tel appui est essentiel.

C'est une journée magnifique où tous fournissent beaucoup d'efforts pour faire bonne figure, pour se surpasser et pour gagner. Mais ce n'est rien à comparer aux petits patients de Sainte-Justine qui mettent toute leur énergie à guérir!

# On parle de toilette, mais pas de son nettoyage!

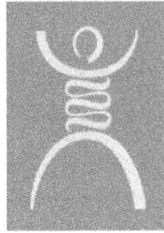

Chez Lalema, nous nous efforçons tous les jours de mettre en valeur le côté humain de nos affaires et de notre équipe. Pour cette raison, il nous tient à cœur de soutenir des causes humanitaires telles que la Fondation canadienne des maladies inflammatoires de l'intestin.

Un Canadien sur 160 vit avec la douleur d'une maladie inflammatoire de l'intestin (aussi appelées MII), nous apprend le site Internet de la Fondation (www.ccfc.ca). La maladie s'exprime chaque jour sous la forme de sentiment d'urgence au moment d'aller à la toilette, de diarrhées ou de saignements dans les selles. Pour les personnes atteintes d'une MII, vérifier le contenu de la toilette est une obligation quotidienne. Oui, les selles font partie de la vie, particulièrement pour ces malades.

Et la vie continue, quand on est atteint d'une MII. Que ce soit la maladie de Crohn ou colite ulcéreuse, l'inflammation de l'intestin est douloureuse et peut mener au développement d'autres maladies, même d'un cancer colorectal. Le malade vit en prenant tous les jours une médication complexe pour réduire l'inflammation et pour gérer les symptômes. Il suit une diète stricte pour éviter les aliments qui déclenchent des crises. Ultimement, il subit une opération chirurgicale.

La cause des MII est encore inconnue; difficile, donc, de trouver un traitement curatif qui permettrait d'éradiquer la maladie. Un membre de notre équipe est atteint d'une MII. Lalema a donc choisi de faire sa part en vous sensibilisant, vous, les lecteurs, et en vous incitant à soutenir la Fondation canadienne des maladies inflammatoires de l'intestin, qui subventionne plus de 55 projets de recherche sur ces maladies.

La prochaine fois que vous regarderez l'intérieur de votre cuve de toilette, ce sera probablement pour la nettoyer. Ayez une pensée pour les personnes atteintes d'une MII et impliquez-vous, soit en offrant du temps, ou une contribution financière.

Au nom de toutes les personnes atteintes de MII, Lalema vous dit merci!

# Un Gémeau pour Le Québec, une histoire de famille

Les prix Gémeaux, vous connaissez? Bien sûr!

Depuis 1987, la sculpture Gemini/Gémeaux, créée par Scott Thornley, symbolise l'excellence de la télévision au Canada, mais aussi la dualité de cette télévision : la créativité et la technologie; les artistes et les artisans, l'illusion et la réalité, tout comme la programmation anglophone et francophone.

**Prix Gémeaux 2012**
Durant la cérémonie des prix Gémeaux de 2012, parmi les récipiendaires-artisans, un jeune homme du nom de Jean-Sébastien Lavoie a remporté le prix Gémeau du *meilleur habillage graphique : toutes*

*catégories* pour sa création Le Québec, une histoire de famille créée par Eltoro

Jean-Sébastien a travaillé chez Lalema comme infographiste et motion designer en 2009-2010 avant de se joindre à l'équipe d'Eltoro. On est resté en bon terme! La preuve en est : j'en parle dans mon livre, pour souligner son travail et le féliciter lui et toute l'équipe d'Eltoro!

# Partenaires

Ce chapitre est dédié à nos nombreux partenaires d'affaires. Nous avons retracé l'origine ou une anecdote pour plusieurs d'entre eux.

## ISSA

L'*International Sanitary Supply Association* existe depuis plus de 90 ans. Cette association regroupe plus de 5900 distributeurs, manufacturiers, entrepreneurs en service d'édifices dans plus de 80 pays. Lalema est membre de l'ISSA depuis 1988.

Son fondateur, Alfred Richter a dit un jour :

« I realized there was a great deal I did not know about the business. I presumed that a conference of successful distributors, drawn from various metropolitan cities, would result in an exchange of ideas that would be beneficial to all. »

Traduction libre : « J'ai réalisé que je connaissais peu de chose sur notre industrie. J'ai pensé qu'une conférence réunissant plusieurs distributeurs de renom, provenant de diverses métropoles, se traduirait par un échange d'idées qui seraient bénéfiques pour tous. »

# CSSA

La *Canadian Sanitary Supply Association* ou L'*Association Canadienne des Fournisseurs de Produits Sanitaires* existe depuis 1958. La CSSA est une société sans but lucratif représentant les entreprises membres œuvrant dans la fabrication, la distribution et la vente de produits de nettoyage et d'entretien.

L'ACFPS a pour objectif de favoriser un haut degré de professionnalisme, de connaissances techniques et de respect de l'éthique parmi ses membres.

Représentant les principaux fournisseurs de produits et de services de l'industrie, l'Association vise à mieux faire comprendre à la population les grands principes de l'entretien sanitaire, tout en contribuant à promouvoir un plus grand respect de l'environnement et de la santé publique.

Lalema est membre de la CSSA depuis 1988.

# Stockhausen

Julius Stockhausen devient copropriétaire de la *Crefelder Seifenfabrik Stockhausen & Traiser* en 1880. C'est une entreprise de fabrication de savon. C'est en 1907, lors de l'ouverture de sa deuxième usine que la marque Stoko est utilisé pour la première fois.

En 1935, l'entreprise développe et commercialise le premier nettoyant pour la peau sans savon à partir d'un détergent synthétique. Alors ça ne date pas d'hier!

Aujourd'hui, Stoko une filiale d'Evonik Industries est synonyme de soins de la peau (Stoko Skincare) et d'hygiène des mains (Stoko Refresh).

P.-S. Un autre Julius Stockhausen a vécu durant la même période. Il était chanteur et musicien! Ne pas confondre les deux!

# Clorox

Cette entreprise fut fondée en 1913 par 5 hommes d'affaires qui ont investi 100 $ chacun. L'entreprise a porté le nom d'*Electro-Alkaline Company* de 1913 à 1920 pour devenir *The CLOROX Company* par la suite. La marque *CLOROX* fut introduite en 1914 pour un concentré de 21 % d'hypochlorite de sodium. Le mot *CLOROX* vient d'une combinaison de chlore et Hydroxide de sodium, les 2 ingrédients principaux servant à fabriquer de l'eau de javel.

C'est l'épouse d'un des dirigeants qui suggéra de faire un produit concentré à 5.25 % pour un usage domestique. On connaît la suite!

# Unger

Il y a des entreprises comme Apple qui fondent leur entreprise dans leur garage, d'autres ont de grandes idées et démarrent directement dans le grenier! Fondée par M. Henry M. Unger en 1964, l'entreprise a débuté dans le grenier de la grand-mère de son épouse Barbara.

Aujourd'hui, Unger est un leader dans la fabrication d'outils de nettoyage et d'entretien et est présent dans plus de 80 pays d'Europe, d'Amérique et d'Asie

La vision de monsieur Unger est dès le début d'améliorer la sécurité et l'efficacité du nettoyage des fenêtres!

Parmi les innovations que l'on doit à Unger, notons :

Le « *Bucket on a belt* »

Un sceau qui se porte à la ceinture pour travailler sur une échelle.

Aussi le « *Sprayer on a belt* » :

---

Un système de bouteille attachée à la ceinture reliant le vaporisateur avec un tuyau pour réduire le poids.

Ce ne sont là que quelques-unes des nombreuses innovations apportées par Unger au fil des ans.

# SCA

SCA pour Svenska Cellulosa Aktiebolaget ou en français Société Suédoise de Cellulose.

Cette entreprise européenne est créée en 1929 par la fusion de pas moins de 10 entreprises forestières.

Dans les années 30 et 40, l'entreprise centre ses activités sur la production de pulpe de papier. Par la suite, dans les années 50, la production de papier débute, l'entreprise entre en bourse et commence ses exportations.

Dans les années 60 et 70, l'entreprise fait plusieurs acquisitions, se lance dans la production de corrugué et couvre maintenant l'Europe. La division « Soins personnels » démarre par l'acquisition d'une autre entreprise suédoise.

Les années 80 et 90 sont marquées par l'arrivée de SCA en Amérique latine. L'entreprise multiplie les acquisitions pour devenir un leader en transport et soins personnels.

Finalement, c'est dans les années 2000 que SCA entre sur le marché nord-américain à la suite de l'acquisition de Georgia-Pacific.

Bon, assez d'histoire, si nous parlions un peu de médias sociaux. SCA est une entreprise très présente sur les médias sociaux. Facebook, Twitter, Linkedin et depuis peu Google Plus. Vous retrouverez également une quantité impressionnante de vidéos (plus de 400) sur YouTube et de photos (plus de 624) sur Flikr. Dans notre domaine, SCA est aussi connue pour la marque TORK.

## Mat Tech

Mattech : c'est Matting Technology Corporation. Deux mots qui relient la technologie et les tapis. C'est ainsi que cette compagnie basée à Granby œuvre depuis plus de 25 ans.

En octobre 2011, lors du gala Honoris Innova, l'entreprise s'est vue décerner le prix Développement durable | Recyclage et valorisation par la Fédération des Plastiques et Alliances Composites du Québec.

Lors de ce gala, on a souligné la mise en marché de plusieurs innovations, dont les produits Eco-Step et EcoPlus qui sont fabriqués à partir de matériaux de post-consommation, prévenant ainsi l'enfouissement de milliers de bouteilles et pneus et préservant nos ressources naturelles.

Par exemple :

- 30 cm$^2$ = 4 bouteilles
- Carpette 4' x 6' = 96 bouteilles
- Rouleau 6' x 20' = 480 bouteilles

# Nacecare

Pour parler de Nacecare, il faut parler de l'aspirateur Henry! C'est un incontournable.

Henry est l'aspirateur le plus populaire au monde. Si vous ne me croyez pas, tapez « henry vacuum » dans Google ou sur YouTube!

La compagnie Numatic est fondée en 1969 dans la région du Somerset, en Angleterre. C'est en 1981 qu'est né Henry. La même année qu'est apparu sur nos écrans le film « *Les aventuriers de l'arche perdue* ». Les équipements Nacecare sont fabriqués en Angleterre par la compagnie Numatic. Lalema est un distributeur des équipements Nacecare.

En plus d'être un excellent aspirateur, Henry est le seul à vous offrir un sourire radieux à chaque fois que vous l'utilisez.

# 3M

Minnesota Mining and Manufacturing Co. : voilà ce que 3M signifie. La compagnie fut fondée en 1902. Au commencement, la compagnie se spécialise dans la fabrication de papier sablé.

Aujourd'hui, on associe souvent 3M à innovation. Et pour cause, son budget annuel en recherche et développement dépasse 1,4 milliard de dollars (2010).

On connaît plusieurs marques de 3M :

- Scotch-Tape;
- Post-it;
- Thinsulate;
- Scotchgard;
- Scotch-Brite,
- Doodle-Bug;

Twist'n Fill.

L'entreprise œuvre dans plusieurs domaines :

- Industrie et transport,
- Santé,
- Signalisation, communication graphique et systèmes optiques,
- grand public et bureau,
- Protection, hygiène et sécurité,

- électrique, électronique et télécommunication

Avec autant d'expertise et en favorisant autant l'innovation, 3M devrait être encore là dans 100 ans! Qu'en dites-vous?

# Atlas Graham

L'entreprise est ondée en 1941 sous le nom d'Atlas *Brush Company Ltd* par James D. Graham pour soutenir l'effort de guerre en fabriquant quelques modèles de balais-brosses.

Aujourd'hui, Atlas Graham offre une gamme impressionnante de produits pour le nettoyage. La compagnie en est à la 3e génération de Graham. C'est un fait important à souligner, car seulement 10 % des entreprises familiales se rendront là!

L'entreprise fut la première à introduire sur le marché canadien les vadrouilles à boucle en 1969.

Le président actuel James S. Graham maintient les trois principes instaurés par son grand-père :

- Qualité
- Service
- Intégrité

# Cascades

Croyez-le ou non, les frères Lemaire cherchaient un nom pour leur compagnie quand leur tante Gertrude leur a dit :

*« Les gars, il y a des chutes en arrière de l'usine. Pourquoi ne pas appeler votre compagnie "Cascades"? »*

Et voilà l'origine du nom de cette compagnie québécoise, souvent associée aux pionniers du recyclage.

# Kimberly Clark

Dans un village de 200 âmes à l'époque, à Neenah au Wisconsin États-Unis le 26 mars 1872, cinq jeunes hommes décident de fonder une entreprise qui fabriquerait du papier journal de la plus haute qualité, entièrement fait de guenilles de textile et de coton. Ils se basent sur quatre principes fondamentaux :

- Fabriquer le meilleur produit possible;

- Servir les clients de façon juste et équitable afin de gagner leur confiance;
- De bien prendre soin de leurs employés;
- Prendre de l'expansion lorsque requis et financer ces projets à même les profits de l'entreprise.

# Rubbermaid

Je me suis concentré sur la provenance de la marque Rubbermaid en m'inspirant d'un article d'Erin Gentry, déniché sur le blogue de Rubbermaid!

En 1927, l'entreprise Wooster Rubber Company fabrique des ballons-jouets. Fait intéressant, les deux fondateurs continuent de travailler à temps plein dans une autre entreprise, car il n'y a pas assez de contrats.

En 1933, James Caldwell brevète la fabrication d'un porte-poussière en caoutchouc rouge. La gamme de « produits en caoutchouc pour cuisine Rubbermaid » est née! M. Caldwell se joindra en 1934 à Wooster Rubber Company et y amènera son invention ainsi que sa vision de fabriquer des produits en caoutchouc qui répondent aux besoins des clients.

Puis arriva la Deuxième Guerre mondiale et l'usine fut convertie pour fabriquer de l'équipement de caoutchouc comme des réservoirs d'essence ou des tourniquets. Après la Guerre, Wooster reviendra à ses activités régulières.

En 1956, l'entreprise change de nom pour devenir Rubbermaid inc. C'est finalement en 1962 que Rubbermaid introduit sur le marché la première poubelle en plastique!

collector's item

On connaît la suite...

# Humour

Ce court titre en dit long sur son contenu. Voici donc, sans prétention, le chapitre sur l'humour.

## Les Ghost Busters de la sanitation

C'est à l'été 1984 que SOS Fantôme (Ghost Busters) a envahi les écrans de cinéma du monde entier. Trois chasseurs de fantômes se servent de leur « proton pack » avec projecteur de particules ionisées pour sauver le monde (en commençant par la ville de New York).

En visitant nos bureaux, ma fille n'a pu s'empêcher de s'imaginer en « Ghost Buster » en voyant nos aspirateurs dorsaux sans fil! Elle m'a dit : — « Hey papa, pourquoi tu ne fais pas un article avec ça? »

Alors j'ai décidé de faire une comparaison entre les deux!

Aspirateur dorsal à pile ou Proton Pack?

| Caractéristiques | Aspirateur sec à pile Modèle RBV 130 | Proton Pack Modèle |
|---|---|---|
| | | |
| Prix au détail | 1199 $ | 2100 $ (pour une reproduction sur eBay!) |
| Type | Aspirateur dorsal à pile pour matière sèche | Aspiration de fantômes et autres entités paranormales de faible puissance |
| Puissance | 250 W | Flux de protons |
| Capacité | 5.7 L | 3 à 5 fantômes |
| Autonomie | 45 minutes | 2500 ans |
| Poids | 7.25 kg | 16 kg (ouf!) |
| Délai | Dès la mise en marche | 20 secondes avant que le flux de proton ne soit stabilité |
| Pile | Lithium-ion 36 V | Nucléaire (ouch!) |
| Niveau sonore | 45 dB (A) | Très bruyant. |

Alors, c'est à vous que revient la décision. Mais dites-vous bien que les fantômes se font généralement discrets alors que la poussière elle est bien présente! Bonne chasse!

### Le nouveau film Ghost Busters 3 prévu pour 2014

Plusieurs sources annoncent le prochain SOS Fantôme pour 2014. Malheureusement, Bill Murray ne sera pas de la partie, mais Dan Akroyd, Harold Ramis et Rick Moranis répondront à l'appel.

# Une nouvelle race de super héros

Vous avez vu le dernier film « The Avengers »? Qu'arrive-t-il lorsque la survie de l'humanité est en jeu et que les super héros de ce monde (ou d'un autre monde) joignent leurs efforts pour vaincre les méchants? En général, et là, je ne vends pas la mèche, les gentils sortent victorieux!

Mais qu'ils soient gentils ou méchants, les super héros ne vont jamais aux toilettes! Grand bien leur fasse!

S'ils avaient découvert nos accessoires pour salle de toilettes automatisée avant l'écriture du scénario, c'est assuré qu'on aurait vu :

- L'Incroyable Hulk tenter d'entrer ses mains dans le **séchoir à mains Dyson**.
- Iron Man vouloir utiliser **l'urinoir sans eau**, mais n'ayant pas prévu de petite porte dans son habit de métal, et bien,...
- Thor dans un excès de colère frapper le **miroir** d'un bon coup de mailloche. Aurait-il réussi à le briser?
- Le Capitaine America pour sa part agiter son bouclier devant le détecteur de mouvement de la **porte automatique**.
- Et qui aurait utilisé la **table à langer** pour changer la couche de son petit neveu? Black Widow? Non. C'est Hawk Eye!

Alors vous voyez, même les super héros ont leurs petits secrets!

# Quand la vie vous sourit

La vie sourit toujours à ceux et celles qui travaillent fort! Dans cette catégorie, nous retrouvons *Henry, Charles* et *Rubbie…*

# Comment on nettoie dans les petits coins?

Au souper, ma fille m'a dit que je devrais écrire sur mon site web :

*Comment on nettoie dans les petits coins?*

Ça m'a bien fait rire! Je lui ai dit que je le ferais et je l'ai fait!

# Êtes-vous tanné du papier de toilette qui ressemble à du papier sablé?

**Mais qu'est-ce qu'on peut bien dire sur du papier de toilette?**
Il faut d'abord bien comprendre que comme solution de rechange, on ne peut plus utiliser de billets de 1 $ comme dans le temps! En fait, s'il n'y a pas vraiment d'autres solutions, il y a vraiment plusieurs options qui s'offrent. On s'adresse ici aux gestionnaires de bâtiments industriels, institutionnels et commerciaux bien que certains conseils s'appliquent aussi à la maison!

Un bon papier hygiénique c'est :

- Un *papier hygiénique* qui est conçu pour réduire les coûts, le gaspillage et les problèmes de santé publique liés à l'utilisation des salles de bains.
- Un *papier hygiénique* qui est performant et offre douceur et absorption.
- Un *papier hygiénique* sans noyau permettant une réduction des déchets avec 100 % de l'élimination du cœur.
- Du côté de la performance, un papier de toilette facile à retirer du distributeur et qui se dissout bien dans l'eau.
- Une réduction des risques de

contamination du produit, lorsqu'utilisé en systèmes fermés.

Les distributeurs, quant à eux :

- sont esthétiques.
- permettent une inspection rapide du papier.
- sont faciles d'entretien.
- résistent au vandalisme (soupir).

Parlons environnement :

- Un produit peut être certifié produit FSC.
- Un produit peut être conforme aux normes EPA pour le recyclage post-consommation (minimum de 20 %).
- Un procédé sans chlorine javellisant est hautement préférable.

À propos du nombre d'épaisseurs :

N'oublions pas deux aspects importants : douceur et performance! Parfois, il peut être avantageux d'aller de l'avant avec un produit un peu plus cher, mais qui sauvera ô combien de plaintes de votre clientèle! Les gens sont tannés du papier sablé!

# Si la tendance se maintient... des élections écologiques!

Quand c'est jour d'élection : allez voter! J'ai fait le calcul du nombre de litres de nettoyant qui est nécessaire ces journées-là pour nettoyer les bureaux de vote!

Mais avant, voici un petit fait cocasse : en 1867 : 27 % des 211 candidats étaient avocats, 14 % marchands, 10 % médecins, 9 % agriculteurs, 5 % marchands de bois! En 2008, 13 % des 1598 candidats étaient parlementaires, 4 % avocats, 3 % enseignants, 3 % étudiants et 2 % retraités!

## Les élections

- Il y aura tout près de 23 millions de Canadiens qui pourront voter
- Entre 12 et 14 millions y iront
- Chaque électeur a été affecté à l'une des quelque 65,000 sections.

## Les espaces à nettoyer

- Au bas mot, il doit bien y avoir autour de 7,000 bureaux de vote (ceci est une estimation).
- On fait l'hypothèse que la plupart de bureaux de vote seront dans un gymnase d'école de 365 mètres carrés
- À cela s'ajouteraient bien sûr les toilettes, les entrées, les corridors (que je ne traiterai pas ici)

- Total : <u>2.5 millions de mètres carrés!</u>

**Le nettoyage des espaces**

Considérons un besoin de 500 ml de nettoyant pour faire 40 litres de solution pour laver les sols de chaque gymnase.

Il faudra donc un total de **3,500 litres** de nettoyant pour laver les sols de 7000 bureaux de vote

Ça représente près de 18 barils!

Dans cette optique, croyez-vous qu'un nettoyant écologique serait préférable?

# Un tableau périodique des éléments Lalema

Tableau périodique des produits Lalema

Souvenez-vous de vos cours de chimie? Aujourd'hui, on vous propose de voir notre gamme de produits comme vous ne l'avez jamais vue! Sous la forme d'un tableau périodique!

Vous retrouverez sur cette charte unique, plusieurs informations sur chaque produit :

- Le code (4 chiffres);
- Le nom;
- La couleur;
- Le pH;
- La viscosité;
- La fragrance (ou un produit complémentaire dans certains cas);
- La catégorie (famille du produit).

# Les tapis d'entrée

Au fil des années, j'ai réalisé qu'une composante essentielle à l'entretien ménage est souvent négligée : les tapis d'entrée!

## La véritable valeur d'un tapis d'entrée

**Pourquoi installer des tapis d'entrée?**

Les **carpettes d'entrée** sont la seule solution préventive afin de minimiser l'accumulation de saleté dans votre édifice (ou votre avion!). En tant que première ligne de défense, sachez qu'un agencement adéquat de 15 pieds linéaires de carpettes performantes empêchera jusqu'à 85 % de la saleté de se propager sur vos planchers. Voici la véritable valeur d'un tapis d'entrée.

**Combien ça coûte de ne pas mettre de tapis d'entrée?**

L'ISSA estime qu'il en coûte environ 1 000 $ pour sortir 1 kg de saleté d'un bâtiment.

Également, selon un article de Stephen Ashkin : 1,000 personnes apportent jusqu'à 550 grammes de saleté par jour.

Alors, supposons 1 bâtiment avec un trafic de ~350 personnes par jour à raison de 5 jours par semaine pendant 52 semaines soit un trafic annuel de 91,000 visiteurs!

Nous avons alors 50 kg ce qui se traduit par une estimation de vos coûts d'entretien de **50 000 $\*\***!

Plus on retient la saleté à l'entrée plus ces coûts diminueront.

**Pourquoi installer trois tapis d'entrée plutôt qu'un seul?**

N'oubliez pas que 15 pieds (4.6 mètres) linéaires de carpettes performantes empêcheront jusqu'à 85 % de la saleté de se propager sur vos planchers. Ce qui devrait optimiser et réduire vos coûts d'entretien.

**Les tapis d'entrée, c'est un choix écologique et brillant!**

- Réduisent vos coûts d'entretien
- Protègent vos planchers
- Améliorent la qualité de l'air
- Rehaussent l'apparence de votre lieu de travail
- Diminuent les risques de chutes et d'accidents

**Résultats à titre indicatif. Vos coûts d'entretien peuvent varier de cette simulation.

# Entretien des tapis d'entrée : Moins de soucis!

La saison hivernale débutée, la pose des tapis d'entrée est maintenant chose faite. Il faut maintenant penser à l'entretien des tapis d'entrée. Comme cela, moins de soucis, une sécurité accrue pour votre clientèle et une durée de vie augmentée pour vos précieux tapis d'entrée.

Il est généralement admis que les charges d'entretien sanitaire soient considérablement augmentées en période hivernale. À cet effet, des moyens préventifs doivent être envisagés pour maximiser, durant cette longue période, les chances de réussite associées au maintien et à la sauvegarde de la salubrité, particulièrement aux diverses entrées et lieux environnants. La propreté des lieux commence à l'entrée du bâtiment.

**Moyens préventifs**

Entre le 15 novembre et le 15 avril de chaque année, on doit installer des tapis gratte-pieds ou des tapis absorbants pour retenir la saleté aux entrées.

**Dimensions minimales requises**

Les tapis gratte-pieds dans les halls d'entrée doivent recouvrir la largeur complète des aires de circulation et être déployés en longueur minimale de cinq (5) m et plus (quand cela est possible). Les tapis absorbants seront déployés à la suite des gratte-pieds sur des largeurs et des longueurs calculées selon la densité de la circulation piétonnière.

**Actions préventives également à envisager pour l'entretien des tapis d'entrée**

- Déblayer les surplus d'abrasifs rendus inutiles lorsque les conditions climatiques sont favorables à l'assèchement des trottoirs et des marches d'entrées.
- Au besoin, assécher et débarrasser les surfaces des tapis des abrasifs au moyen d'un aspirateur industriel de type sec et liquide;
- Enlever la gomme à mâcher à l'aide d'un durcisseur;
- Laver périodiquement (au besoin) ces surfaces pour conserver aux fibres la qualité originale d'absorption.

En appliquant ces actions préventives, vous faciliterez également l'entretien des tapis d'entrée dont vous avez la responsabilité.

Bon hiver!

# Comment faire l'installation et l'entretien d'un tapis d'entrée

L'entretien d'un tapis d'entrée, s'il est fait régulièrement, permet de prolonger la durée de vie et d'améliorer l'apparence de vos carpettes. Il est recommandé de développer un calendrier d'entretien. La fréquence dépendra du trafic et des conditions de saleté.

### Installation d'un tapis d'entrée

Les tapis et carpettes roulés doivent être déroulés à plat pendant quelques jours avant l'installation.

Un peu de peluche ou de duvet peut apparaître sur la surface de la carpette. Ceci disparaîtra après quelques aspirations.

Certaines carpettes de caoutchouc peuvent présenter une mince pellicule huileuse. Cela est un agent lubrifiant inhérent aux produits moulés et non pas un défaut. Lavez simplement avec un détergent doux ou un nettoyant-dégraissant écologique, au besoin.

Pour le remisage, rouler les carpettes et entreposer à plat, à température modérée. Ne pas écraser ou entreposer debout.

### Inspection périodique d'un tapis d'entrée

Des inspections périodiques sont recommandées afin de détecter toute déchirure sur les bordures. Pour réparer une bordure endommagée, coller les sections avec un adhésif cyanoacrylate de type Super Glue.

**Nettoyage et entretien d'un tapis d'entrée**

Les **tapis d'entrée** sont utilisés pour capturer la saleté afin qu'elle ne se disperse dans un édifice. Par contre, pour demeurer efficaces, ils doivent être nettoyés régulièrement.

- **Aspiration quotidienne.** Passer l'aspirateur quotidiennement.
- **Nettoyage des taches.** Laver à la main ou faire l'extraction des taches en utilisant un shampooing ou un détergent à carpette à base d'eau.
- **Problème de calcium?** Utiliser un nettoyant écologique spécialement conçu pour l'enlèvement du calcium.
- **Nettoyage complet.** Nettoyer la carpette de façon périodique en utilisant un extracteur à carpette et un détergent ou un shampooing à base d'eau. Ne pas utiliser de nettoyant à base de solvant.
- **Séchage du tapis.** L'excès d'eau doit être enlevé par extraction ou en suspendant la carpette. Lorsque possible, les carpettes doivent être complètement sèches avant d'être remises en opération.

Ces quelques conseils devraient maintenant vous aider à passer un meilleur hiver!

# Des tapis d'entrée écologiques pour obtenir des points LEED

D'ici quelques hivers, tous les **tapis d'entrée** seront verts! Est-ce que les gestionnaires de bâtiments doivent commencer à frémir? Pas vraiment.

Le choix des couleurs pour les tapis d'entrée écologiques sera encore vaste, mais de plus en plus de tapis d'entrée et anti-fatigue seront plus écologiques.

### Politique de développement durable

Votre établissement est peut-être en cours d'obtention d'une certification LEED. Or, l'utilisation de carpettes d'entrée est reconnue par le Conseil du bâtiment durable du Canada.

Certains tapis d'entrée peuvent vous aider à obtenir jusqu'à **2 crédits LEED**! En effet, l'utilisation adéquate d'un tapis d'entrée retient considérablement les saletés à l'entrée d'un bâtiment et non sur les étages. Ce faisant, vous réduisez également la quantité requise de produits nettoyants.

### Facteurs environnementaux favorables

Premièrement, un tapis dont la **composition** est faite de contenu recyclé provenant de matières post-consommation diminue considérablement les besoins d'enfouissement et réduit les besoins en matières premières.

Deuxièmement, la **durée de vie** d'un **tapis d'entrée** doit peser dans la balance. Pardonnez-moi l'anglais : « cheap is expensive »! Il en coûte plus cher à tous les niveaux de remplacer un tapis souvent que d'opter pour une solution un peu plus chère à l'acquisition qui durera plus longtemps.

### Exemples de tapis d'entrée écologiques ou tapis anti-fatigue écologiques

Voici quelques exemples de tapis d'entrée ou anti-fatigue avec leur **contenu recyclé (%)**.

| Contenu recyclé | Contenu recyclé | Contenu recyclé |
|---|---|---|
| **98 %** | **100 %** | **98 %** |
| DURA-SHOCK | ECO-STEP | ECOPLUS |
| Tapis pour salles d'entraînement | Tapis essuie-pieds | Tapis essuie-pieds et gratte-pieds |

# Comment nettoyer vos tapis en profondeur

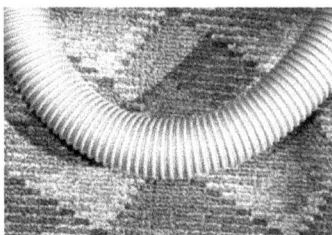

Si votre tapis présente des souillures ou des saletés apparentes en surface quant au trafic quotidien normal ou à un trafic ponctuel plus élevé, il faut nettoyer la surface de façon à prévenir que ces saletés ne s'incrustent plus profondément dans les fibres du tapis allant même jusqu'à causer une usure accélérée.

Mais à certains moments, il convient d'utiliser un extracteur à tapis. Que ce soit 1 fois par année ou plus souvent, un nettoyage en profondeur périodique est un peu comme votre entretien automobile : si vous le passez trop souvent, ça coûte plus cher de réparation.

Facteurs à considérer avant de nettoyer vos tapis

- L'apparence et le degré de propreté désiré,
- La nature et l'état du revêtement textile,
- Les besoins de la clientèle (utilisateurs),

- Le degré d'encombrement de la surface,
- L'intensité d'utilisation de la surface,
- Le milieu environnant,
- Les travaux périodiques prévus.

# Optez pour la propreté avec les tapis gratte-pieds

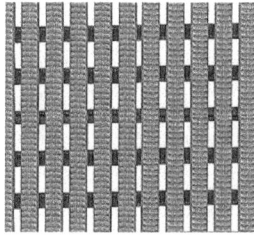

En utilisant une bonne combinaison de tapis d'entrée, on peut retenir jusqu'à 85 % de la saleté à l'entrée d'un bâtiment au lieu de transporter la poussière, les roches et le sable un peu partout.

La première étape consiste à retenir les gros débris, il est alors conseillé d'utiliser un **tapis gratte-pieds**. Une longueur de 5 mètres est généralement idéale.

Les **tapis gratte-pieds** ont une surface de grattage agressive qui retiendra la majorité des débris sous les souliers. Ils n'absorbent pas l'humidité, ce qui en facilite l'entretien.

# Un tapis essuie-pieds et gratte-pieds : C'est un 2 en 1.

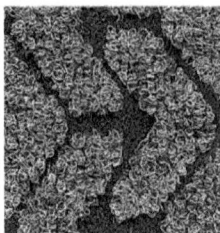

En utilisant une bonne combinaison de tapis d'entrée, on peut retenir jusqu'à 85 % de la saleté à l'entrée d'un bâtiment au lieu de transporter la poussière, les roches et le sable un peu partout.

La deuxième étape consiste à retenir les débris qui n'auraient pas été retenus par le tapis gratte-pieds. Pour ce faire, on installe un **tapis essuie-pieds gratte-pieds**. Une longueur de 5 mètres est idéale pour cette deuxième section.

Les tapis essuie-pieds/gratte-pieds ont une surface irrégulière qui permet d'emprisonner les saletés modérées qui ont résisté à l'étape du gratte-pieds. Ils retiennent modérément l'eau et l'humidité.

## Le tapis essuie-pieds réduit le risque de chute

Les **tapis essuie-pieds** jouent un rôle majeur pour la rétention de l'eau et de la fine poussière. Ils minimisent les risques de chutes liés aux entrées et corridors humides.

Si vous êtes un gestionnaire d'un bâtiment commercial ou institutionnel, les chutes sont bien la dernière chose dont vous voulez entendre parler en hiver.

Il convient alors de protéger vos entrées et de retenir l'eau convenablement. Pourquoi ramasser l'eau à la grandeur du rez-de-chaussée alors que vous pouvez limiter les déplacements du personnel d'entretien ménager?

La carpette essuie-pieds viendra compléter votre système 1-2-3. Le gratte-pieds pour retenir les grosses saletés, le tapis essuie-pieds-gratte-pieds pour retenir les saletés plus petites et commencer le travail d'assèchement et finalement le paillasson qui terminera l'essuyage.

Avec un système comme cela, l'entretien de vos planchers l'hiver sera grandement facilité. La propreté de votre établissement sera augmentée.

# Les tapis ergonomiques et spécialités

J'aborde dans ce chapitre des outils qui permettent de réduire les risques de maux de dos ou d'accident de travail. Le secret : encore des tapis!

## Vous travaillez longtemps debout? Réduisez votre fatigue avec un tapis ergonomique

**Les troubles musculosquelettiques**

Vous connaissez peut-être le terme « TMS » ou Troubles musculosquelettiques. Selon l'Enquête québécoise sur des conditions de travail, d'emploi et de santé et de sécurité du travail (EQCOTESST) de 2011 :

*(...) un travailleur québécois sur cinq rapporte des troubles musculosquelettiques (TMS) perçus comme étant liés au travail, soit des douleurs importantes qui dérangent ses activités, qu'il ressent souvent ou tout le temps, et qu'il attribue à son emploi principal.*

*(...) Environ 7 % des travailleuses et des travailleurs visés se sont absentés du travail en raison de douleurs musculosquelettiques liées à leur emploi principal au cours de l'année précédant l'enquête.*

Un travail prolongé en position debout et stationnaire ralentit la circulation sanguine. Ceci intensifie le travail du cœur, équivalent à un effort physique soutenu. Cela réduit également l'apport en oxygène aux muscles. Moins d'oxygène = Plus de fatigue et plus de douleur. Il s'agit de la principale cause de fatigue.

## Êtes-vous familier avec les conséquences de la fatigue?

- Diminution de la productivité des travailleurs
- Augmentation du risque d'accident
- Réduction de la motivation et le moral des travailleurs

## Une solution ergonomique : Les tapis anti-fatigues

Les carpettes ergonomiques réduisent la fatigue en position debout à l'aide d'un savant mélange de souplesse et de support. De plus, elles offrent une surface sécuritaire et adhérente qui réduit grandement les risques de chutes.

Souplesse : permet une distribution efficace du poids tout en diminuant les impacts sur les articulations, permettant des positions plus naturelles et moins de points de tension.

Support : offre résilience et rebond. Pendant que les pieds du travailleur font pression sur la carpette, celle-ci exerce une pression négative en poussant sur les pieds. Ces micromouvements permettent ainsi un retour d'énergie stimulant les mouvements et la circulation sanguine. Alors cela :

- Soulage les muscles comprimés dus à un état constant de contraction
- Stimule la circulation sanguine ralentie causée par des vaisseaux comprimés
- Réduit la tension au niveau du dos et de la colonne résultant de mouvements statiques
- Soulage le stress aux pieds et aux articulations dû à une longue période en position debout

**Comment choisir son tapis ergonomique**

La question la plus importante est : <u>dans quel type d'environnement le tapis anti-fatigue sera-t-il utilisé?</u>

On regroupe les types d'environnement ainsi :

- Environnement sec
- Environnement mouillé
- Environnement huileux

Ce choix vous assure d'obtenir un confort et une sécurité maximum.

# Pourquoi mettre un tapis non conducteur devant un panneau électrique?

Dès qu'il y a de la tension, il y a du danger. En 2008, La Corporation des maîtres électriciens du Québec prenait une résolution en incitant tous les membres à toujours travailler hors tension. C'est certainement la bonne approche, mais l'électricité peut parfois nous jouer de mauvais tours! Le tapis non conducteur est un des moyens qu'un électricien peut utiliser pour réduire ce risque.

**Un lourd bilan**

Selon les données de la CSST entre 1997 et 2006, on compte 274 lésions, dont 7 décès par contact avec le courant électrique représentant 27 920 jours d'absence.

### Code canadien de l'électricité

Selon le Code canadien de l'électricité :

*Il est interdit de travailler sur un appareillage sous tension, à moins d'utiliser l'équipement approprié. Les pinces isolantes, gants, bottes, bottines, carpettes de caoutchouc ou autres moyens d'isolation approuvés constituent de tels équipements. Cet équipement doit toujours être maintenu en très bon état.*

### Tapis non conducteur

Avec sa gamme de tapis non conducteur certifié, On peut aider les électriciens à prévenir les risques d'accident d'origine électrique. Parmi les certifications des tapis\* :

- Résistance aux flammes : certification Mil Std-1623;
- Conforme à la norme de résistance à l'usure : ASTM-D-1242;
- Taux diélectrique : 30 000 volts;

Résistance à l'ozone et huiles.

\* Les certifications peuvent varier selon les tapis.

# Évitez les bisous qui donnent des chocs avec un tapis antistatique

Lorsque c'est la Saint-Valentin, Fête de l'amour, on attrape souvent des décharges électriques en se donnant des bisous! C'est vrai que ça rend la chose électrisante, mais certaines personnes pourraient trouver cela désagréable!

**Solution aux problèmes d'électricité statique.**
Alors avant d'embrasser votre partenaire, assurez-vous de marcher sur un tapis antistatique. Fini les chocs désagréables! En plus, ces tapis sont anti-fatigues, donc vous pouvez y rester plus longtemps debout sans vous fatiguer.

**Des applications pratiques aux tapis anti-fatigues et antistatiques**
Selon L'EDSA (Electrostatic Discharge Association), près de 20 % des défectuosités des composants électroniques, en sortie d'usine, sont imputables à l'électricité statique. Pour des solutions plus pratiques, vous pouvez installer des tapis antistatiques :

- Dans une buanderie devant les sécheuses industrielles;
- Pour protéger les équipements électroniques critiques;
- Pour protéger votre poste de travail contre les décharges d'électricité statique;
- Fleurs, Chocolat ou Tapis antistatique.

En définitive, quand vient le temps de choisir pour un environnement de travail sécuritaire, devinez lequel des trois éléments en titre est le plus important!

# Au fil des saisons

Autour de la machine à café, un sujet commun à tous les milieux de travail c'est la « température ». Ben oui, il neige aujourd'hui! Alors au fil des mois, je rédige souvent en m'inspirant de la température du moment. J'ai donc compilé des articles reliés à la météo que j'ai classés par saison.

# Hiver

## Comment faire fondre la glace

L'hiver n'est pas encore commencé me direz-vous que je vous rabats les oreilles avec la neige! Sachez qu'au Dakota du Nord, il est tombé plus de 100 centimètres de neige en octobre 2013.

Avec 1 mètre de neige en octobre chez nos voisins du Sud, si le réchauffement climatique y est pour quelque chose, il est certain qu'on ne verra pas de palmiers à Montréal prochainement!

### Comment faire fondre la glace et la neige
Bon, il est évident que d'attendre au printemps est une solution, mais pas nécessairement une bonne idée. Car avec les redoux, il y a fort à parier que la neige se transformera en glace avec son lot de chutes et d'accidents. Il faut éviter ça à tout prix.

### Pourquoi faire fondre la glace et la neige
En attendant notre hiver à nous, préparez-vous à dégager les entrées et les corridors de circulation extérieurs autour de votre bâtiment.

Cela demeure une priorité en période hivernale. Il en va de la sécurité de vos occupants. Employés, visiteurs, écoliers et patients ont droit à des espaces de circulation dégagés et sécuritaires pour accéder à votre bâtiment.

En premier lieu, assurez-vous de faire retirer la neige. Ensuite, si la neige est devenue de la glace ou s'il est tombé une pluie verglaçante, utilisez un fondant à glace pour faire fondre la glace.

Finalement, demeurez vigilant aux annonces météorologiques et soyez prévoyants! Bon hiver!

# 8 tempêtes de neige mémorables au Québec

Avec la première bordée, alors que les garages sont ensevelis d'appels pour la pose des pneus d'hiver, voici un tableau relatant 8 tempêtes de neige mémorables (accumulation en 24 heures).

Les tempêtes de neige s'étalent parfois sur plusieurs jours alors les interprétations peuvent varier! On se rappellera la Tempête du siècle! Même le Canadien de Montréal avait reporté une partie!

Dans ce tableau, vous trouverez 8 villes avec le record de neige en une saison (minimum et maximum), la normale de précipitation et la journée record.

### La saison de la neige

| Villes | Record de neige | Record de neige | Normale | Journée record de neige |
|--------|-----------------|-----------------|---------|-------------------------|
| | | | | |

| | maximum | minimum | | |
|---|---|---|---|---|
| Gatineau | 445 cm (1970-71) | 101 cm (1952-53) | 236 cm | 41 cm (2 mars 1947) |
| Montréal | 383 cm (1970-71) | 93 cm (1979-80) | 218 cm | 43 cm (4 mars 1947) |
| Sherbrooke | 424 cm (1993-94) | 165 cm (2009-10) | 294 cm | 42 cm (24 février 1994) |
| Québec | 558 cm (2007-08) | 165 cm (1948-49) | 316 cm | 45 cm (4 mars 1971) |
| Val-d'Or | 429 cm (1966-67) | 159 cm (1998-99) | 300 cm | 53 cm (25 février 1965) |
| Saguenay | 611 cm (1942-43) | 169 cm (1949-50) | 342 cm | 45 cm (2 décembre 1942) |
| Gaspé | 590 cm (1994-95) | 218 cm (1988-89) | 380 cm | 62 cm (5 février 1995) |
| Sept-Îles | 762 cm (1968-69) | 136 cm (2009-2010) | 412 cm | 56 cm (8 décembre 1996) |

**Comment se prémunir contre les tempêtes de neige?**

La plupart d'entre nous ne peuvent aller au chaud durant les mois d'hiver comme le font les oiseaux. Alors afin de limiter les dégâts, il est obligatoire d'avoir des pneus d'hiver sur votre voiture, mais il est surtout fortement recommandé d'installer des tapis d'entrée et faire bonne provision de fondant à glace.

# Printemps

## Pour chanter sous la pluie

Le mois de mai, est habituellement très pluvieux, pour une moyenne de 76 mm de pluie et 21 jours où survient une averse de plus de

0,2 mm. Si l'adage dit que « le trois fait le mois », nous en sommes quittes pour que mai 2012 corrobore ces statistiques.

Qui dit temps gris, dit planchers sales, mouillés et glissants. Pour y remédier efficacement, une autolaveuse est tout indiquée. Quelle soit munie d'un siège à l'image d'une petite zamboni (par exemple notre modèle TTV 678 de Nacecare) ou la très portative Twintec TTB 1840 du même fabriquant, une autolaveuse permet de conserver les aires passantes propres et sécuritaires.

Pour faire le bon choix, il importe d'évaluer la surface à nettoyer ainsi que le type de nettoyage requit. Demandez-vous aussi si votre appareil doit être autotracté, par exemple pour de très grandes surfaces, des pentes ou une machine très lourde. Un modèle « sans traction » sera probablement suffisant pour la plupart des situations.

L'alimentation électrique est cruciale : vous ne voulez pas que votre appareil tombe en panne en plein milieu de la tâche. Si une alimentation à câble semble prévenir ceci, sachez que vous trouverez probablement le câble électrique très encombrant, en plus de vous obliger à repérer toutes les prises dans chacune des pièces visitées.

Une alimentation par pile au gel a l'avantage de ne nécessiter aucun entretien. Les piles au gel sont beaucoup plus sécuritaires que les piles à l'acide, car leur système est entièrement fermé. Elles ont de plus une durée de vie beaucoup plus longue si elles sont utilisées correctement.

Aussi bien équipé, vous vous réjouirez certainement lorsque les prévisions météo sont au temps pluvieux!

# La voiture aussi a droit à son ménage du printemps!

L'arrivée des beaux jours et surtout, les chutes de neige imprévues donnent envie à plus d'un propriétaire de voiture de faire briller celle-ci, comme pour accélérer l'arrivée de l'été. Après un hiver où calcium, boue et neige usée auront laissé leur trace, ça fait du bien aussi au moral! Que vous possédiez une Lexus ou une Smart, ou que vous soyez gestionnaire d'un immense parc de véhicules, vous voudrez en prendre soin pour en faire durer la beauté! Pour bien entretenir son véhicule, voici quelques produits qui facilitent la tâche.

D'abord, un chariot à tablettes permet d'apporter tout son matériel et de le garder à portée de main en tout temps… sans laisser tomber accidentellement votre chiffon sur le sol, attrapant au passage de petits cailloux qui rayeraient la peinture.

Commencez par l'intérieur du véhicule, en donnant un bon coup d'aspirateur sur les sièges, sur les planchers puis dans le coffre (dans cet ordre pour ne pas répandre la saleté!). Le détergent neutre Eko-Net enlève facilement le calcium déposé sur les tapis d'auto. Passez un chiffon microfibre sur le pare-brise pour enlever la poussière… et voilà!

Pour l'extérieur, vous aurez besoin d'un seau, d'un chiffon en microfibre tout usage et du détergent pour auto Signal. Ce dernier forme une mousse riche qui se rince bien, ne laissant pas de pellicule. Évitez de laver votre voiture par temps trop chaud ou en plein soleil, cela pourra ternir son fini. Allez-y idéalement par petites zones que vous rincerez au fur et à mesure. Pour terminer, asséchez le véhicule à l'aide d'un chamois synthétique. Le chiffon en microfibre Scotch-Brite que vous aurez utilisé pour l'intérieur aura double usage en faisant briller le chrome!

Si tout ce qui brille n'est pas or, une voiture que vous faites briller vaudra plus cher lorsqu'elle sera revendue.

## Le Jour de la Terre arrive vite… êtes-vous prêt?

En avril autour du 22 on célèbre la journée dédiée à la Terre. Ce jour de sensibilisation et réflexion a été lancé en avril 1970 par le sénateur américain Gaylord Nelson, voulait d'abord secouer l'inertie politique et collective relativement à la pollution et la dégradation de notre environnement.

Pour la plupart des gens et des organisations, recycler, réduire à la source et poser des gestes verts fait partie du quotidien. Il est toutefois possible d'aller encore plus loin.

### Réduction de l'eau

Un robinet automatique permet d'économiser jusqu'à 70 % de l'eau utilisée pour se laver les mains, selon une étude bruxelloise. En ouvrant l'eau seulement lorsque les mains se trouvent sous le jet, on évite le gaspillage… et les débordements.

Plus avant-gardiste (et écologique) encore, l'urinoir sans eau économise jusqu'à 40 000 gallons d'eau par urinoir, par année! Cette innovation élimine les odeurs grâce à une cartouche d'enzyme et le rejet est directement évacué.

## Plus de papier!

Le séchoir à main Dyson-Airblade possède une conception unique qui utilise jusqu'à 80 % moins d'énergie que les séchoirs électriques habituels. En séchant les mains à l'air, on élimine le papier, et ce modèle a de plus l'avantage de permettre de réduire le bilan de carbone des entreprises.

L'automatisation est assurément l'avenir de la planète!

# Été

# Où étiez-vous le 14 juillet 1987?

Le 14 juillet 1987, pour moi, c'est comme hier. Ce jour-là, la pluie a débuté, l'électricité a manqué, et la génératrice n'a pas démarré. Rapidement, le sous-sol entier s'est retrouvé sous 50 cm d'eau!

## Le 14 juillet 1987, il fallait sauver les meubles

Pendant que les gens nageaient littéralement sur l'autoroute Décarie, la course s'est amorcée alors pour soulever les aliments dans les réserves, les boîtes de la buanderie et tout ce qu'on pouvait sauver. Heureusement, l'électricité est revenue rapidement et les pompes se sont remises en marche nous donnant ainsi un coup de main.

**Par la suite, il fallait rapidement évacuer l'eau.** Malheureusement, ça s'est fait à la main. J'aurais aimé avoir sous la main un appareil capable d'aspirer l'eau et de la déplacer vers l'extérieur!

### Des aspirateurs avec pompe performants

Vous est-il déjà arrivé de faire face à ce genre de dégât? Pas besoin d'une pluie diluvienne comme en 1987! Une fuite d'eau, une toilette qui déborde, un robinet ouvert oublié. C'est dans ces moments-là qu'il faut être prêt. Un aspirateur pour déchets humides avec pompe submersible vous permet non seulement de recueillir l'eau, mais également de la rediriger directement avec le boyau d'évacuation.

### Une catastrophe naturelle n'attend pas l'autre

Pour finir, 11 ans après le déluge, en 1998, il y eut la crise du verglas. En 2013, c'est les feux de forêt, les inondations à Calgary et une averse très similaire à Toronto. Mais ça, c'est d'autres histoires...

# Comment s'est passé votre déménagement?

Après chaque période de déménagement, il peut arriver que votre nouvel appartement conserve de mauvaises odeurs de fumée, de cigarette, d'animaux, d'humidité, de cuisson, de renfermé, etc.

---

**Comment faire pour éliminer les mauvaises odeurs après un déménagement?**

Utilisez un éliminateur d'odeur comme le Nok Out. C'est un oxydant qui sèche à l'air libre. Il n'est pas corrosif, mais détruit la source des mauvaises odeurs. Nok Out éliminera même l'odeur de vieux souliers.

Nok Out est vraiment la référence depuis plus de 15 ans en matière de contrôle des odeurs.

**Comment faire pour nettoyer les surfaces après un déménagement?**

Le Bio-Ranet est un nettoyant multisurface biologique certifié ECOLOGO CCD-110 (produits biologiques). Il nettoiera efficacement les surfaces et contrôlera également les odeurs.

Bio-Ranet est excellent pour l'élimination des saletés et corps gras sur les planchers, murs et autres surfaces lavables.

# Avertissement de chaleur et d'humidité accablante?

Lorsqu'Environnement Canada annonce plus de 30 °C avec un avertissement de chaleur et d'humidité accablante, voici quelques conseils judicieux émis par la CSST pour éviter les coups de chaleur :

- Buvez au minimum un verre d'eau toutes les 20 minutes, même si vous n'avez pas soif.
- Portez des vêtements légers, de couleur claire, de préférence en coton, pour favoriser l'évaporation de la sueur.
- Couvrez-vous la tête pour travailler à l'extérieur.
- Ajustez votre rythme de travail en fonction de votre tolérance à la chaleur.
- Prenez des pauses à l'ombre ou dans un endroit frais.
- Si vous avez des problèmes de santé, des antécédents médicaux ou si vous avez été malade récemment : redoublez de prudence.
- Si vous prenez des médicaments, manquez de sommeil, consommez de l'alcool : redoublez de prudence.
- Également : évitez les sports extérieurs comme le soccer ou le jogging. On reste à l'air conditionné si possible. On saute dans la piscine et surtout, on demeure prudent!
- Pour les employeurs, assurez-vous de mettre de l'eau à la disposition des travailleurs, un contenant isotherme pour

boisson froide peut être la solution pour remplir les bouteilles.

# Automne

## En noir & orange

Pour l'Halloween, on offre un éventail de produits aux sorcières et sorciers de ce monde et des autres pour combler leurs besoins.

**Sécurité avant tout**
Avant toute chose, rappelons-nous que lors de cette soirée de fête pour les enfants, la sécurité est de mise.

Mais comment pouvons-nous avoir, en tant que fournisseur de produits sanitaires et de produits de nettoyage, des produits et des accessoires pour les sorcières et les sorciers?

Voici ce que nous avons déniché en fouillant dans notre entrepôt. À vous de juger!

## La baguette

Avec ou sans plumeau, la baguette demeure sans contredit l'instrument numéro 1 du sorcier.

## Le balai

Ensuite, le balai de paille. Ça tombe bien, on a toute une famille de balais de paille à la disposition des Harry Potter et autres. Essentiel pour prendre son envol!

## Le cône de circulation

Pratique pour remplacer votre chapeau lorsqu'il s'est envolé. Jumelé avec un sort de lévitation, vous pouvez aussi vous entraîner au Quidditch.

## Des produits orange à fragrance d'orange

Parce que la couleur est appropriée pour la saison et surtout parce que :

- Un savon à mains industriel à l'orange peut aider à faire disparaître les taches d'encre après la rédaction de sorts dans le grimoire;
- Un désinfectant pour surfaces prêt à utiliser, ça tue les microbes comme par magie (toujours suivre le mode d'emploi et respecter les temps de contact);
- Un détergent tout usage, ça nettoie et ça brille comme un sou neuf!

En conclusion, nous ne croyons pas vraiment aux sorcières, mais par contre, on peut vous aider à combler tous vos besoins en produits sanitaires, accessoires et équipement. Il n'y a rien de sorcier là-dedans!

# On termine par un petit test!

Je termine ce livre avec le test de l'ascenseur, parce que j'y crois premièrement et parce que c'est vrai!

## Le test de l'ascenseur ou les 9 meilleures raisons d'acheter chez Lalema

On m'a demandé de faire le « test de l'ascenseur ». C'est à dire : parler à un inconnu qui monte dans l'ascenseur avec moi pour lui décrire notre organisation, démontrer notre savoir-faire et les avantages qui feront de cet inconnu notre client avant que l'ascenseur n'atteigne le dernier étage!

Alors on se lance :

9. Notre réceptionniste vous répond toujours avec le sourire.

Quoi de plus enrageant que de parler à une boîte vocale! Notre réceptionniste vous répondra entre 8 h et 17 h, du lundi au vendredi!

8. Nos camionneurs livrent toute la marchandise.

Notre taux de remplissage de commande (order fill rate) est supérieur à 99 % pour les produits tenus en stock! La livraison se fera en 24 à 48 heures! Ce qui arrange tout le monde : vous recevez votre marchandise plus vite, vous faites moins de réceptions, nous pouvons vous livrer de nouveaux produits plus souvent.

7. Notre service à la clientèle et nos conseillers-représentants sont là pour vous.

Que ce soit pour une question technique, pour un conseil ou pour passer une commande, notre personnel au service à la clientèle ou votre conseiller-représentant vous répondra dans les meilleurs délais.

6. Nos partenaires sont aussi là pour vous.

Rubbermaid, 3M, Kimberly Clark, Cascades, Nacecare, Mattech, ECO II, Atlas Graham, Technical Concept, SCA (Tork) pour ne nommer que ceux-là! Les représentants de nos partenaires peuvent aussi vous rencontrer pour combler vos besoins.

5. Nos chimistes aussi sont là pour vous.

Notre équipe de laboratoire assure que les produits que nous fabriquons rencontrent les standards reconnus en matière de respect de l'environnement et de performance. Vous avez un besoin de développement spécifique et un volume important? Il est possible de formuler un produit spécialement pour vous!

4. L'environnement nous tient à cœur.

Que ce soit grâce à des équipements écoénergétiques, LEED, du papier 100 % recyclé, des sacs de plastique oxobiodégradable, des produits nettoyants verts (Ecologo), des concepts uniques comme l'Envirovrak ou notre programme de récupération de vieux équipements, votre empreinte environnementale réduira assurément!

3. Notre site web est gigantesque, mais aussi pratique et facile à utiliser

Vous trouverez plus de 14 000 codes de produits sur notre site! Nous ajoutons de nouveaux produits constamment! Imaginez le choix et la diversité que vous y trouverez rapidement et facilement!

2. On vous répond promptement.

Faites votre demande de prix sur le site et vous obtiendrez un retour d'information avant la fin du jour ouvrable qui suit (99 % du temps!).

1. Faites-en l'essai dès aujourd'hui!

En terminant, vérifiez par vous-même : Vous êtes un entrepreneur en services d'entretien ménager, un acheteur ou un chef d'hygiène et salubrité dans le domaine industriel ou institutionnel, demander un prix et vivez vous aussi, l'expérience Lalema.

# Références

1. http://blog.lalema.com
2. http://www.istockphoto.com
3. http://www.sxc.hu/
4. http://www.lalema.com
5. http://fr.wikipedia.org/wiki/Savon
6. http://www.cleaninginstitute.org/assets/1/AssetManager/SoapsandDetergentsBook.pdf
7. http://www.healthycleaning101.org/french/SDAC_soaps-f.html
8. http://en.wikipedia.org/wiki/Mount_Sapo
9. http://www.radio-canada.ca/nouvelles/societe/2011/10/31/001-population_mondiale-7_milliards-habitants.shtml
10. http://fr.wikipedia.org/wiki/Population_mondiale
11. http://www.worldwatch.org/node/6403
12. http://www.ul.com/global/eng/pages/
13. http://www.greenseal.org/Home.aspx
14. http://www.inspection.gc.ca/fra/1297964599443/1297965645317
15. http://www.hc-sc.gc.ca/dhp-mps/prodpharma/activit/fs-fi/dinfs_fd-fra.php
16. http://www.cagbc.org/Content/NavigationMenu/Programs/LEED/GoingGreenwithLEED/default.htm
17. https://ca.fsc.org/who-we-are.186.htm
18. http://www.montrealjazzfest.com/a-propos-du-festival/developpement-durable/initiatives-environnementales.aspx
19. http://maison.lapresse.ca/habitation/conseils/201210/18/01-4584724-moisissures-decontaminer-soi-meme.php
20. http://www.cmhc-schl.gc.ca/fr/co/enlo/vosavoma/humo/humo_005.cfm
21. *Le nettoyage dans les hôpitaux du 21e siècle par le Dr Stephanie J. Dancer, Medical, Microbiology, Hairmyres Hospital, UK paru dans la revue* **Le Nettoyage professionnel**, *juillet/ août 2012.*
22. Hygiène et salubrité en milieux de soins – démarche pour le développement de stratégies d'entretien des surfaces, *MSSS, 2010, 52 pages.*
23. http://fr.wikipedia.org/wiki/Eau_de_Javel
24. http://www.eaudejavel.fr/pages/eau/historique.asp
25. http://www.radio-canada.ca/nouvelles/science/2011/11/28/002-molecule-antibactiennes-flexicates.shtml http://www.sciencedaily.com/releases/2011/09/110921132346.htm
26. http://en.wikipedia.org/wiki/List_of_James_Bond_gadgets
27. http://starwars.wikia.com/wiki/CLE-004_window_cleaning_droid
28. http://www.cascades.com/bacterie/
29. http://www.radio-canada.ca/nouvelles/Economie/2010/05/18/014-papier-cascades.shtml
30. http://apod.nasa.gov/apod/ap110608.html
31. http://www.infra.gouv.qc.ca/
32. http://blog.odotech.com/bid/51496/Underestimated-odor-sources-Large-building-doors
33. http://blog.odotech.com/bid/49517/Measurement-of-odor-emissions-Olfactometry-or-chemical-analysis
34. Étude par Gradient, Site web The dirt on shop towels
35. http://www.lalema.com/index.php?p=6&i=488&l=frSource : http://oee.nrcan.gc.ca/node/961
36. http://www.marketwire.com/press-release/-1621180.htm
37. http://www.acct.ca
38. http://cssa.com/docs/Foundations_of_CSSA.pdf
39. http://www.issa.com/?id=about_issa

40. *http://www.issa.com/?id=association_history*
41. *http://de.wikipedia.org/wiki/Julius_Stockhausen_ (Industriel) (en allemand)*
42. *http://en.wikipedia.org/wiki/Julius_Stockhausen*
43. *http://www.stoko.com/product/stoko/en/about/pages/default.aspx*
44. *http://www.thecloroxcompany.com/company/heritage/timeline/*
45. *http://ungerglobal.com/pro/us/images/stories/UNGER/download2010/40-Year-Unger-Image-Brochure.pdf*
46. *http://www.sca.com/en/About_SCA/SCA_in_Brief/History/*
47. *http://www.mattech.ca/marketing/Mat_Tech-Laureat_gala_Honoris_Innova_2011.pdf*
48. *http://www.henryhoover.co.uk/the-history-of-numatic-henry*
49. *http://fr.wikipedia.org/wiki/3M*
50. *http://solutions.3m.com/wps/portal/3M/en_WW/History/3M/Company/At-a-Glance/*
51. *Source Sylvain Béland.*
52. *http://www.lavo.ca/fr/entreprise/histoire/, Également, merci à M. Sébastien Parent.*
53. *http://www.ebay.com/itm/Ghostbusters-Proton-Hero-Pack-Replica-Accurate-No-reserve-Prop-Lights-Sounds-/121143952714*
54. *http://www.gbfans.com/wiki/Proton_Pack_Part_Names*
55. *http://www.nydailynews.com/entertainment/tv-movies/dan-aykroyd-divulges-ghostbuster-3-details-article-1.1350447*
56. *http://www.ghostbusters-center.com/ghostbusters-coulisses.html*
57. *http://www.elections.ca/*
58. *Techniques de travail PROPRE 2.7.*
59. *http://www.csst.qc.ca/prevention/magazine/2010/automne/dossier/Pages/fini_travail_sous_tension.aspx?page=toute*
60. http://www.mutuellescmeq.ca/Accidents-du-travail.html
61. Règlement général 91-191, paragraphe 287.4 (1); Code canadien de l'électricité, Première partie, section 2, règle 2-306 (http://www.travailsecuritairenb.ca/docs/ElecInj_f.pdf)
62. Archives Radio-Canada
63. The Gazette
64. Nacecare
65. http://www.csst.qc.ca/prevention/theme/coup_chaleur/Pages/comment-prevenir.aspx
66. http://fr.wikipedia.org/wiki/Canicule
67. http://dslrimagery.blogspot.hu/2010/10/microcosmos-extreme-close-ups.html
68. http://en.wikipedia.org/wiki/HEPA
69. http://past.meteomedia.com/news/storm_watch_stories3&stormfile=lhiver_en_chiffres_191211